Influence Factors on **C**areer Success *of* **F**emale High-Level Labor

女性高层次人才

职业成功

影响因素研究

罗青兰 著

人民出版社

策划编辑:郑海燕
责任编辑:李甜甜
封面设计:胡欣欣
责任校对:周晓东

图书在版编目(CIP)数据

女性高层次人才职业成功影响因素研究/罗青兰 著. —北京:
　人民出版社,2018.10
ISBN 978－7－01－019735－7

Ⅰ.①女…　Ⅱ.①罗…　Ⅲ.①女性-职业选择-影响因素-研究
　Ⅳ.①C913.2

中国版本图书馆 CIP 数据核字(2018)第 202328 号

女性高层次人才职业成功影响因素研究
NÜXING GAOCENGCI RENCAI ZHIYE CHENGGONG YINGXIANG YINSU YANJIU

罗青兰　著

人民出版社 出版发行
(100706　北京市东城区隆福寺街 99 号)

北京中科印刷有限公司印刷　新华书店经销

2018 年 10 月第 1 版　2018 年 10 月北京第 1 次印刷
开本:710 毫米×1000 毫米 1/16　印张:12.75
字数:160 千字

ISBN 978－7－01－019735－7　定价:55.00 元

邮购地址 100706　北京市东城区隆福寺街 99 号
人民东方图书销售中心　电话 (010)65250042　65289539

目　录

绪　　论

一、研究背景与意义

高层次人才是人才群体中的精英,女性高层次人才是女性人才的杰出代表,是指在我国政治、经济、军事、科技、教育和文化等领域中,以其创造性劳动为社会发展和人类进步作出突出贡献的杰出女性劳动者。《国家中长期人才发展规划纲要(2010—2020年)》强调把"高端引领"作为当前和今后一个时期人才发展的指导方针之一,培养造就一批善于治国理政的领导人才,一批经营管理水平高、市场开拓能力强的优秀企业家,一批世界水平的科学家、科技领军人才、工程师和高水平的哲学社会科学专家等,充分发挥高层次人才在经济社会发展和人才队伍建设中的引领作用,并提出"人才的层次、性别结构趋于合理"的战略目标。2010年1月,中华全国妇女联合会启动了"女性高层次人才成长状况研究与政策推动项目",旨在推动女性高层次人才的成长。中国女性参与经济活动、管理与社会决策、立法决策的比率与频率大幅度上升。中国女性,尤其是女性高层次人才开始在我国的政治、经济、文化、社会的发展中占举足轻重的地位。可见,促进女性劳动者特别是高层次人才成长是

人才强国战略的重要内容,是社会进步和社会和谐的重要体现,是衡量我国妇女地位的重要标志之一,也是贯彻落实男女平等基本国策的战略性举措。中华人民共和国成立以来,我国女性劳动者的数量有了显著提高,各类劳动者中的女性结构逐步改善。但是,我国女性高层次人才及其参与经济社会建设的程度却远低于男性劳动者。例如,在各个决策层中女性比例偏低,我国十九大代表中女人大代表占24%;在科技领域,女性比例长期徘徊在5%左右,截至2017年,科学院女院士和工程院女院士只占院士总数的6%,低于1978年的6.2%;在经济领域,女企业家只占20%左右,而且主要集中在中小企业。为此,优化我国女性高层次人才的成才环境,促进其职业成功是当前和今后一个时期内人才开发中的一项紧迫的任务,也是学术界有待深入研究的新的重大课题。

本书旨在围绕人才强国战略的总体部署,从实施人才强国战略、建设和谐社会和创新社会的高度,从人力资本、组织支持、关系资本三个视角廓清女性高层次人才职业成功影响因素,进而推动女性高层次人才整体开发与成长,最终促进经济与社会的发展与进步。

二、研究思路与实施过程

(一)研究思路

本书的研究过程依据研究目标划分为基础研究、现状与困境分析、影响因素探讨、对策建议四个研究阶段。研究的总体思路见图0-1。

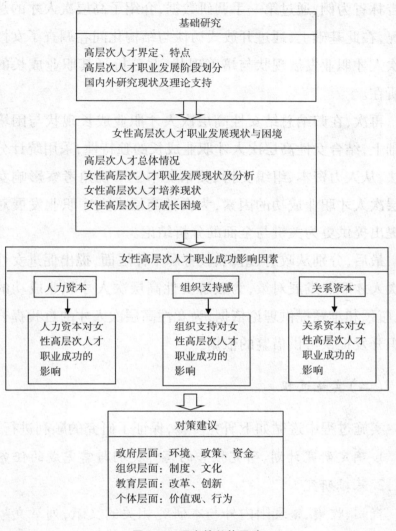

图 0-1　研究的总体思路

　　首先,基础研究阶段对研究对象、相关概念等进行界定,通过查阅资料对高层次人才成长规律、职业成功的衡量与测量进行理论分析,为探讨女性高层次人才职业成功影响因素与对策建议提供源自不同视角的分析基础。

　　其次,分析女性高层次人才的职业发展现状及其成长困境,

以吉林省为例,通过第一手调研数据,介绍了高层次人才的总体情况,在此基础上,通过开放式访谈与结构化问卷调查了女性高层次人才职业发展现状与培养现状,并分析了其职业成长的困境所在。

再次,在归纳总结女性高层次人才职业成长现状与困境的基础上,结合女性高层次人才职业成长的独特性,采用统计分析方法,从人力资本、组织支持、关系资本三个视角考察影响女性高层次人才职业成功的因素,为女性高层次人才职业发展对策的提出提供更为关键与全面的分析结论。

最后,分别从政府、组织、教育和个体层面,提出促进女性高层次人才职业发展对策,为破解女性高层次人才职业成功的困境、瓶颈和难题提供理论依据,为女性高层次人才的自我提升和组织开发提供可供借鉴的依据。

(二)实施过程

实施过程中遵循如下研究步骤,保证了研究的顺利进行。

1. 确定研究计划、研究报告的写作提纲与需完成的任务

2. 基础研究

查阅、收集、整理国内外与本研究相关的文献,列举文献清单,建立现有文献数据库,阅读并整理与高层次人才成长相关的文献资料,为后续研究奠定基础。此部分包括高层次人才界定、成长现状调研、成长度量、成长阶段划分、成长要素分析、专家咨询等。

3. 数据调研

对科研机构、中小学、高校与重点企业进行走访,调研了解

高层次人才的数量、学历、年龄、专业结构等方面的情况；通过对女性高层次人才进行问卷调查、典型案例访谈，了解女性高层次人才的职业发展现状与培养现状。

4. 女性高层次人才成长困境分析

在前期调研的基础上，根据人力资源开发的相关理论，结合女性高层次人才个性特征以及在培养中存在的主要问题，分析女性高层次人才成长的困境所在。

5. 女性高层次人才职业成功影响因素

应用统计分析方法对收集到的数据进行分析，根据高层次人才成长规律，从人力资本、组织支持、关系资本三个视角探讨女性高层次人才职业成功影响因素。

6. 女性高层次人才职业成功对策建议

从政府、企业、学校、个体四个层面，结合女性高层次人才的工作家庭平衡需求和特点，针对社会环境、组织制度、教育创新、个体人才培养、职业定位、行为激励等环节，提出女性高层次人才职业成功的对策与建议。

三、研究数据与方法

（一）研究数据

为了更好地了解女性高层次人才职业成长与培养的现状，及其职业成功的影响因素，分别从不同角度对不同类型的女性人才进行了数据调研，主要采用问卷发放与访谈的方式收集并获取调研数据，研究数据的获得介绍如下。

1. 女性高层次人才职业发展现状调研数据的获取

为了更好地了解女性高层次人才职业发展现状,本书通过问卷调查与访谈的方式,以吉林省女性新世纪人才、在读女博士生、企业女性管理者、女性创业者与女性科技工作者作为访谈对象,了解她们的职业发展现状与成长经历。

(1)女性新世纪人才。女性新世纪人才访谈使用方便抽样的方法选择访谈对象。首先,确定潜在访谈对象。在学校网站或其他公共网站上确定该校历年入选"新世纪优秀人才支持计划"的名单,并统计女性入选者的相关信息。其次,联系潜在访谈对象,并确定最终的访谈对象,最终有10位女性新世纪人才接受了访谈。其中人文社科类和理工科类各占50%;"60后"和"70后"各占50%;入选新世纪人才的时间分布在2004年到2012年。

(2)高校在读女博士生。对高校在读女博士生的深度访谈主要采用引导式和开放式问题,其中引导式问题是从访谈者角度出发,系指核心话题引导,而非观点、结论等暗示或期待;开放式问题是从受访者角度出发,系指受访者内容所涉的弹性范围。访谈对象为吉林省内各高校6位在校女博士生,包括管理学专业4位、物理学专业1位、应用数学专业1位。

(3)企业女性管理者。为了确保获取有价值的信息与第一手资料,更好地了解女性高层次人才的成长现状,选择与研究内容相关的企业女性管理者作为研究对象,采用深度访谈法,了解她们的职业发展现状。共访谈了10位在不同行业、不同类型企业工作的女性管理者。其中,来自汽车制造业的女性管理者有2位,来自汽车零部件加工业的女性管理者有2位,来自财务管理咨询业的女性管理者有 1 位,来自电信通信业的女性管理者有 2 位,来自保险公司的女性管理者有 2 位,来自证券投资业的女性管理者有 1 位,她们的工作年限从最短 5 年到最长 21 年不等。

(4)女性创业者。通过熟人推荐,采访了吉林省内几位成功的女性创业者,了解其创办企业的历程。这些女性创业者分别来自机械加工、电子设备、建筑装潢业、服装行业,她们年龄分布在 30 岁到 50 岁,创业时间为 3 年以上。

(5)女性科技工作者。通过设计调查问卷,采用多阶段复合抽样方法进行调查,调查了吉林省各企业、高校、研究院所以及政府部门研发机构中从事科技研发、科技管理的女性科技人员。发放问卷 300 份,回收问卷 240 份,其中有效问卷 228 份。其中,在被调查的女性科技工作者中,本科学历居主要比例,占比 54.5%;属于工科专业背景的占较大比例,占比 50.5%;从事应用研究者居多,占比 56.2%。

2. 女性高层次人才培养现状调研数据的获取

针对部分吉林省知名企业、省属高校、科研院所、中小学校的女性高层次人才队伍培养情况做了一次广泛的、详细的调研,设计了"吉林省女性高层次人才培养现状"调查问卷一份,本次调研采用网络、E-mail、电话访谈的形式共走访调查了 4 个企业、5 个省属高校、3 个科研院所和 5 所中小学,共发放 500 份问卷,回收 460 份,有效问卷 424 份,有效问卷在发放问卷中的占比为 84.8%。

3. 女性高层次人才职业成功影响因素调研数据的获取

自 2015 年 12 月 1 日至 2016 年 1 月 15 日,共计发放问卷

700份,回收665份,回收率95%,其中有效问卷590份,有效问卷回收率84.3%。采用电子与纸质问卷的方式进行发放。调研的研究对象主要分布于长春、太原、成都、吉林、西安、石家庄、沈阳、苏州等城市,涵盖了中国北方与南方、沿海与内地各类型城市。组织类型包括国企、外资和民营企业等,涵盖了金融、汽车制造、保险、石油加工、IT、生物医药等行业。通过对有效问卷的数据整理与分析,探究女性高层次人才职业成功影响因素。

(二)研究方法

1. 文献研究法

在查阅大量国内外公开出版发行的文献基础上,通过逻辑归纳与演绎,对人力资本理论、组织支持理论、人—组织匹配理论、职业成功理论以及相关理论研究进行文献梳理和评述,归纳总结出高层次人才的成长历程、独特性、职业成功影响因素、培养过程中存在的主要问题和未来的发展趋势,为构建女性高层次人才职业成功影响因素的理论假设奠定基础。

2. 定性研究法

通过定性的理论分析,对女性高层次人才进行深度访谈及自传式回溯分析,考察女性高层次人才在职业生涯发展的探索、尝试、立业、维持、转型等不同阶段,组织支持特征、人力资本特征以及关系资本网络特征的动态演变规律,对女性高层次人才成长过程中存在的问题进行了综合分析和归纳。并分析这些不同特征或特性对女性高层次人才职业成功的作用方向与作用程度的动态演化情况。

3. 实证研究法

采用实证性质的调查研究分析方法,在掌握女性高层次人才职业发展现状方面第一手资料的基础上,通过对各类型女性高层次人才的问卷调研,采用统计分析方法,利用 SPSS 统计软件和结构方程模型进行相关与回归分析,通过假设检验,探究女性高层次人才的组织支持需求特征与偏好、人力资本特征与偏好、关系资本特征与偏好,厘清各变量对女性高层次人才职业成功的作用机理。

4. 路径分析法

通过对女性高层次人才职业成功影响因素的归纳总结,从职业生涯管理的角度并结合工作家庭平衡理论,从组织、个体两个层面,人力资本、组织支持、关系资本三个视角对女性高层次人才职业成功的交互影响进行分析,探究女性高层次人才职业成功的对策建议。

四、研究框架与重点

(一)研究框架

本书主要探讨人力资本、组织支持与关系资本对女性高层次人才职业成功的影响,从以下七个部分展开论述,具体的章节安排如下(见图 0-2)。

绪论:首先介绍了课题研究的背景和意义,在简要阐述研究思路与实施过程后,介绍研究方法与论文的研究内容,最后指出贡献与不足。

第一章:相关理论分析。在查阅、收集、整理国内外相关的

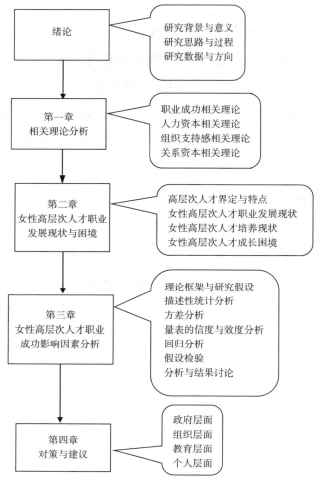

图 0-2 研究框架

研究文献基础上,通过列举文献清单,建立现有文献数据库,阅读与整理相关的文献资料,主要内容包括职业成功的界定、衡量及其测量,探讨了人力资本、组织支持感、关系资本的国内外研究现状。

第二章:女性高层次人才职业发展现状与困境。通过对女性高层次人才进行的问卷调查、典型案例访谈,了解女性高层次人才的职业发展现状与培养现状。在前期调研的基础上，根据人力资源开发的相关理论，针对女性高层次人才培养中存在的主要问题，分析女性高层次人才职业成功的困境所在。

第三章：女性高层次人才职业成功影响因素分析。应用统计分析方法对收集到的数据进行分析，从人力资本、组织支持、关系资本视角探讨其对女性高层次人才职业成功的效用，运用SPSS19.0、Amos17.0软件进行描述性统计分析、方差分析、相关与回归分析、量表的信效度分析，以检验研究假设是否成立，并根据相关理论对假设检验结果进行分析。

第四章：对策与建议。在本书的最后部分，为保证女性高层次人才的顺利成长，从政府——环境、政策、资金，组织——制度、文化，教育——改革、创新，个体——价值观、行为四个层面提出加快女性高层次人才成长的有效对策与建议。

（二）研究重点

本书旨在围绕人才强国战略的总体部署，结合全国人才工作会议精神和《国家中长期人才发展规划纲要（2010—2020年）》的贯彻实施精神，从落实人才强国战略、建设和谐社会和创新社会的高度，采用组织和个体交互视角，以质性思辨和量化实证的系统方法，廓清女性高层次人才成长的度量要素，探索其成长的作用机理和动态演化规律，提出在中国情境下的女性高层次人才开发理论。主要从组织与个体两个层面，人力资本、组织支持、关系资本三个视角探究女性高层次人才职业成功影响因素，从而为探索女性高层次人才职业成功路径提供源自不同视角的分析基础，系统地提出促进女性高层次人才职业成功的

组织支持和微观个体发展对策,以有效解决女性高层次人才数量不足的问题,破解其成长中的困境和难题,为政府宏观调控、企业培育女性高层次人才成长环境提供了有益的政策与建议。

难点在于归结出女性高层次人才成长的诸多困境和独特性,并进一步探究女性高层次人才职业成功发展对策。在政府层面,采用"政策支持视角",探究构造有利于女性高层次人才成长的社会环境与政策支持系统;在组织层面,采用"组织支持视角",探究构造有利于女性高层次人才成长的组织支持系统;在教育层面,采用"教育创新视角",探究构造有利于女性高层次人才成长的教育培养系统;在个体层面,采用"价值观视角""人际视角"和"个体能力视角",探究女性高层次人才的个体提升规律与发展对策。

预期成果将为政府打造女性高层次人才成长环境提供依据,为组织营造有利于女性高层次人才成长的组织支持和氛围提供指导,从个体角度为女性高层次人才个人提供职业生涯提升的对策建议,进而对女性高层次人才的整体开发与成长起到长远的影响和积极的推动作用。

第一章　相关理论分析

第一节　职业成功相关理论

一、职业成功的界定与衡量

职业是一个人安身立命之本,如何在职业中取得成功是每个从业者都非常向往的终极目标;但实践研究表明,相当数量的从业者在职业发展过程中承受着巨大的压力并有诸多困扰。有人努力工作却无缘升职加薪;有人积极上进却遭遇他人的冷眼旁观;有人满怀善意却受到同事与上级的排斥孤立;有人能力突出却得不到组织的重视(高婧,2011)[①]。如何在职场中游刃有余地生存并获得职业成功已成为近年来职业生涯管理领域关注的重点。

---

① 高婧:《政治技能对职业成功的影响》,《云南民族大学学报(哲学社会科学版)》2011 年第 2 期。

(一)职业成功的界定

职业成功是女性职业生涯开发与管理领域中的一个重要研究内容。桑代克①(Thorndike,1934)出版的《预测职业成功》一书最早开始了对职业成功的研究,主要探讨了职业成功的含义、测量标准以及影响职业成功的因素等。紧随其后休斯②(Hughes,1937)在美国《社会学期刊》上发表的题为《组织机构与人员》一文再次提到了职业成功这一概念,从此引发了各学科领域从不同角度对职业成功理论的相关研究。

自从职业成功这一概念被提出来后,有越来越多的学者开始从事职业成功理论方面的研究,并从不同的角度对职业成功进行了界定。如格林豪斯等③(Greenhaus 等,1990)认为,职业生涯是与工作相关的各种经历的组合,它存在于个人生命周期的始终,是个体对实际与期望得到的与职业有关成就的一种反应,体现在一个相对广泛的时间范围内,而不是一个人的即时反应。亚瑟等④(Arthur 等,1996)则认为,一个人在工作过程中获得的成就与经历的结果构成了职业成功。尼克尔森等⑤(Nicholson 等,

---

① Thorndike E.L., *Prediction of Vocational Success*, Oxford University Press, 1934.

② Hughes E.C., "Institutional Office and the Person", *American Journal of Sociology*, Vol.43, No.3, 1937, pp.404-413.

③ Greenhaus J.H., Parasuraman S., Wormley W., "Effects of Race on Organizational Experiences, Job Performance Evaluations, and Career Outcomes", *Academy of Management Journal*, No.33, 1990, pp.64-86.

④ Arthur M.B., Rousseau D.M., "The Boundaryless Career: A New Employment Principle for a New Organizational Era", Oxford University Press, 1996, pp.237-255.

⑤ Nicholson N., De Waal-Andrews W., "Playing to Win: Biological Imperatives, Self-regulation, and Trade-offs in the Game of Career Success", *Journal of Organizational Behavior*, Vol.26, No.2, 2005, pp.137-154.

2005)认为,在个体的职业进程中,职业成功是由那些有价值的、可以被证实和观察到的成果所构成。现有的西方学术文献中,职业成功通常被定义为"在职业生涯发展过程中个体所获得的积极的心理上的成就或是与工作有关的成果"。该定义由伦敦(London)和斯顿普[①](Stumpf,1982)在出版的《管理职业》(Managing Careers)一书中首先提出,现在已经得到了学者们的广泛认同和大量引用(Seibert 等,1999),而且现有研究职业成功的论文几乎都沿用了这一定义。表 1-1 总结了不同学者对职业成功的定义。

表 1-1　职业成功界定一览表

代表学者与年代	定义
格林豪斯等(1990)	是个体对实际与期望得到的与职业有关成就的一种反应
亚瑟等(1996)	一个人在工作过程中获得的成就与经历的结果构成了职业成功
尼克尔森等(2005)	在个体的职业进程中,职业成功是由那些有价值的、可以被证实和观察到的成果所构成
伦敦、斯顿普(1982);塞伯特等(1999)	在职业生涯发展过程中,个体所获得的积极的心理上的成就或者与工作有关的成果

资料来源:笔者整理而得。

(二)职业成功的衡量标准

从职业成功的定义可以看出其主要包括两个方面的意思,一个意思是指个人获得了自己想要的东西,另一个意思是个人通过自身的努力获得了成就。前者是个体主观上的一种成功,

---

① London M., Stumpf S. A., "Managing Careers", *Training Development Journal*, Vol. 36, No. 12, 1982, pp.93-93.

后者是个体在社会上得到的一种认可与承认,是通过他人评价获得的成功。为此,亨特(Hunt,1986)从自评与他评两个角度将职业成功分为客观(objective)职业成功和主观(subjective)职业成功。许多学者认同这一观点(Judge 等,1995;Seibert 等,1999;龙立荣,2004;龙书芹,2010)。在我国从学术的角度探讨职业成功衡量标准的相关研究还为数不多。

客观的职业成功是由第三方作出的评价,通常是一些从外部观察到的、客观的和可见的标准与尺度。传统的职业生涯发展基于组织与员工的关系型契约,员工能在组织内稳定就业,愿意为保留组织的成员身份而努力工作,具有较高的组织忠诚度与组织承诺,组织也会通过晋升与加薪、培训与开发、激励等手段留住对企业发展有价值的员工。因此,传统的职业生涯成功更多的是从客观的角度去衡量。在 20 世纪 90 年代前,有超过 75% 的文献都是从客观的角度讨论职业成功的衡量标准(Arthur 和 Rousseau,1996),这也说明客观职业生涯成功在当时仍是衡量职业成功的主要标准。伴随着经济全球化与知识经济时代的到来,以及产业结构的调整,组织面对的内、外部环境越来越不稳定,传统的科层制组织结构发生了很大的变化,组织的管理层级日趋减少,组织结构扁平化已成为现代企业的发展趋势,员工与组织之间固有的稳定就业关系与雇佣关系被打破,晋升已成为大多数员工的心理障碍,尤其是一些在激烈市场竞争中处于劣势的企业,只能通过减薪或裁员的方式降低经营成本,由此带来员工心理契约的变化,增加了员工职业生涯的不稳定性与动荡性,跨越组织边界的职业生涯管理模式已成为一种可能。为此,学者们开始考察跨越多个公司和边界的职业生涯问题,并提出了"无边界职业生涯"这一概念,即"超越某一单一雇用范围设定的一系列工作机会"(Defillppi 和 Arthur,1994)。无边界职业生涯意味着个体可以跨越组织边界,在不同岗位、职能、角色和组织间流动。为此,有更多的研究者开始从主观的角度去评价个体职业成功,他们认为心理上的成功是判断职业成功的一个重要的指标(Hall 等,1996)。主观职业成功是个体对职业的一种内心感受与心理认知,是个体对自己工作经历和职业发展结果的积极评价和认同。

(三)职业成功的测量

对职业生涯成功的测量始于 20 世纪 30 年代,20 世纪 80 年代得到了管理学、社会学、心理学、经济学等众多领域学者的关注,现有学者主要从主、客观两个衡量标准对职业生涯成功进行测量。

1.客观职业成功的测量

客观职业成功是通过社会比较得出的,其测量标准往往以他人评价为基础。在传统职业生涯时代,学者们将收入水平(Thorndike, 1934, 1963;Hilton 和 Dill, 1962)、晋升次数(Thorndike,1963)、头衔与社会地位(Hughes,1937;Kotter,1982;Crites,1969)和工作年限(Waddell,1983)等作为职业成功的测评指标与考评依据。伴随着无边界职业生涯时代的到来和组织层级的减少,加薪、晋升与职业地位已不再是衡量员工职业发展的唯一指标,这就意味着传统的客观职业生涯评价标准已失去了代表性。为此,近年来有学者在传统的客观职业生涯指标基础上增加了声望与权力(Friedmen 和 Greenhaus,2000)、自主权

（Martins，2002）、就业能力等级（Boudreau 和 Boswell，2001）等评价指标。如霍伦贝克和麦考尔（Hollenbeck 和 McCall，2003）以经理人员为样本，发现他们的客观职业成功由权利构成、税收体系、经济和社会层次、地位标志、储蓄标准构成。尼克尔森等[①]（Nicholson 等，2005）从资源和使人们拥有优势与获得富足的条件划分客观职业成功标准，并从社会地位、个人财富、社会网络状况、健康程度、社会影响力、个人能力等几个方面确定客观职业成功的指标。

个人市场竞争力（Arthur 和 Rousseau，1996）和感知到的组织内、外部市场竞争力（Edy 等，2003）是较为有代表性的客观职业成功测量指标。个人市场竞争力是体现员工在现有组织为雇主创造价值以及被外部劳动力市场所认可的一种能力，它已成为无边界职业生涯时代一个重要的客观职业生涯评价指标之一。组织内部市场竞争力是指在组织内部具有较强市场竞争力的员工更容易获得资源，促进职业发展，增强可雇佣性；组织外部市场竞争力体现员工在其他组织找到工作的难易程度，是员工在外部劳动力市场是否具有可雇佣性的一种能力。伊比等[②]（Eby 等，2003）提出的感知到的组织内、外部市场竞争力更符合时代发展的特征，能体现无边界职业生涯时代人员跨组织流动的特点，相比薪酬、晋升等传统的职业生涯客观评价指标具有更好的说服力。我国学者也分别从总体收入水平与晋升次数（刘

[①] Nicholson N., De Waal-Andrews W., "Playing to Win: Biological Imperatives, Self-regulation, and Trade-offs in the Game of Career Success", *Journal of Organizational Behavior*, Vol.26, No.2, 2005, pp.137-154.

[②] Eby L.T., Butts M., Lockwood A., "Predictors of Success in the Era of Boundaryless Careers", *Journal of Organizational Behavior*, No.24, 2003, pp.689-708.

宁等,2008),外在报酬(周文霞、孙健敏,2010),目前工作的薪水和下属人数,组织内、外部竞争力(龙书芹,2010)等方面对职业成功的客观标准进行了实证研究。表1-2列出了传统与无边界职业生涯时代客观职业生涯成功评价指标。

表1-2　客观职业成功测量一览表

衡量标准	研究者(年代)	测量指标
客观标准	桑代克(1934);希尔顿、迪尔	工资与工资增长
	休斯(1937);克莱茨(1969)	薪酬和工作地位
	桑代克(1963)	晋升次数
	科特(1982)	收入水平与头衔
	沃德尔(1983)	任职年限
	亚瑟、卢梭(1996)	个人市场竞争力
	弗里德曼、格林豪斯(2000)	声望与权力
	布德罗等(2001)	就业能力等级
	马丁斯(2002)	自主权
	伊比等(2003);李燕萍等(2011)	感知到的组织内、外部市场竞争力
	霍伦贝克、麦考尔(2003)	权利构成、税收体系、经济和社会层次、地位标志、储蓄标准
	尼克尔森等(2005)	社会地位、个人财富、社会网络状况、健康程度、社会影响力、个人能力
	周文霞、孙健敏(2010)	外在报酬
	刘宁、刘晓阳(2008)	总收入水平、晋升次数
	龙书芹(2010)	晋升次数,管理幅度,薪资,组织内、外部竞争力

资料来源:笔者整理而得。

2. 主观职业成功的测量

20世纪90年代初,伴随无边界职业生涯这一概念的提出,职业生涯管理更强调员工个人的主动性,个人是职业生涯开发的中心,个体对职业生涯的主观感受显得越发重要,客观的职业生涯衡量指标已不再是唯一的评价标准,学者们更关注从主观方面评价个体的职业成功。通过对发表在社会学期刊上的68篇有关"职业成功"的文章进行统计分析,亚瑟等[1](2005)发现有78%的文章提到主观职业成功,其中有10篇重点关注了主观职业成功,有72%的文章运用了主观职业成功评价标准,与1980—1994年间75%的文章只讨论客观职业成功有了显著的不同,这也从学术视角证实了主观职业成功引起了学者的重视。学者们开始使用职业满意度(Seibert和Krailmer,2001;Eby等,2003;Judge等,1995),工作满意度、自我认同、目标的实现(Heslins,2005),生活满意度(Boudreau等,2001),工作家庭或生活的平衡(Finegold和Mohrmen,2001;Arthur等,2005;Heslins,2005),胜任能力的增强、尊敬、学习机会(Weick,1996),独立的时间、安全性、挑战性、社会交往(Friedmen和Greenhaus,2000),有意义的感觉、贡献(Arthur等,2005),感知到的职业成功,职业参与度,职业前景,对于工作的可控制性,身心健康等指标来测量主观职业生涯成功。

我国学者在参考国外学者对主观职业成功评价标准的基础上,分别从工作家庭平衡、职业满意度(刘宁等,2008)、工作满意度(龙书芹,2010)、内在满足与和谐平衡(周文霞、孙健敏,

---

① Arthur M.B., Rousseau D.M., "The Boundaryless Career: A New Employment Principle for a New Organizational Era", Oxford University Press, 1996, pp.237-255.

2010)等方面对主观职业成功进行了测量。表1-3列出了无边界职业生涯时代学者们进行主观职业生涯成功测量时所采用的指标，其中较为普遍使用的是工作满意度（Judge 等，1999；Boudreau 等，2001；龙书芹，2010）与职业满意度（Eby 等，2003；刘宁等，2008）这两个测量指标。工作满意度是个体对所从事工作与工作环境的一种态度和情感反映，它在一定程度上代表员工职业生涯成功的程度，但现实中却存在对当下工作具有较高满意感的员工，因为缺少对未来职业发展的规划，而缺乏职业成功感，也就是说工作满意度无法代表个体职业生涯满意度。因此，有学者指出不能将工作满意度作为职业生涯成功的唯一

表1-3 无边界职业生涯时代主观职业成功测量一览表

衡量标准	研究者（年代）	测量指标
主观标准	韦克（1996）	胜任能力的增强；尊敬；学习机会
	弗里德曼、格林豪斯（2000）	独立的时间；安全性；挑战性；社会交往
	亚瑟等（2005）	为组织和社会做的贡献；有意义的感觉
	赫斯林（2005）	自我认同；目标的实现
	布德罗等（2001）	生活满意度
	芬戈尔德（2001），莫尔蒙（2001）；亚瑟等（2005）；赫斯林（2005）；刘宁等（2008）	工作家庭平衡
	塞伯特、克里默（2001）；伊比等（2003）；贾奇等（1995）；刘宁等（2008）；李燕萍等（2011）	职业满意度
	贾奇等（1999）；赫斯林（2005）；龙书芹（2010）	工作满意度
	周文霞、孙健敏（2010）	内在满足、和谐平衡

资料来源：笔者整理而得。

评价指标(Heslin,2005),职业满意度也可以作为测量主观职业生涯成功的指标之一,或将二者结合起来使用,并相继开发了职业满意度与工作满意度的测量量表。目前职业满意度测量量表应用最为广泛(Judge 等,1995;Boudreau 等,2001;Seibert 和 Kraimer,2001;李燕萍等,2011)。

二、现有研究的总结

国外学者们对职业生涯影响因素的研究已经开展得非常广泛,但是在中国背景下的研究却相对较少。相比客观职业生涯评价指标,人们更关注主观职业生涯成功(Weick,1996),它更能给人们带来一种成就感与自豪感。如斯特奇斯(Sturges,1999)研究发现,年龄越大的管理者越倾向于用内部(主观)标准来定义职业成功。相比男性,女性更重视内部(主观)职业成功(Keys,1985)。在无边界职业生涯时代,学者们对职业生涯成功的评判标准大致上围绕着薪酬,晋升,感知到组织内、外部市场竞争力,工作满意度,职业满意度、工作家庭平衡等指标进行设计。我国学者在对国内企业管理者进行访谈与结构化问卷调查的基础上,发现中国企业管理者将"职业满意度""工作家庭平衡""总收入水平"和"晋升次数"作为职业成功的重要评价指标(刘宁等,2008)。通过运用深度访谈、焦点小组讨论的研究方法,周文霞等[1](2010;2015)探讨了中国情境下职业成功的标准,并将职业成功标准分为外在报酬、内在满足与和谐平衡的三维结构,并对职业成功内涵、标准、影响因素及与其他职业变

---

[1] 周文霞、孙健敏:《中国情境下职业成功观的内容与结构》,《中国人民大学学报》2010 年第 3 期。

量的关系进行了理论上的分析和探讨。可见职业成功的评价标准可能会存在文化差异、性别差异、年龄差异、职位差异等,但对于这些差异存在的原因与机理却少有学者进行探讨与研究。此外,中国传统文化是中华民族在其生存的土地上经过长期的发展形成和积淀下来的,包括思想观念、思维方式、价值取向等诸多层面的丰富内容。中国传统文化对于中国人的影响根深蒂固。由于文化的特殊性,国外的经验研究在国内的适用性如何?他们的研究结论在国内是否依然有效? 在我国开展职业生涯成功的研究是否会得出一些不同于国外研究的结论? 是否存在其他一些因素影响职业成功? 对于女性高层次人才这些影响因素发挥的作用是否存在不同? 这些都需要在中国背景下进行实证数据的检验。

对于女性高层次人才的成长,哪些因素影响其职业成功的进程? 是什么阻碍女性高层次人才的职业生涯规划与发展? 在获得职业生涯成功的过程中,都有哪些因素发挥着怎样不可替代的作用? 这些因素又是通过什么机制影响女性高层次人才的职业发展路径? 这些都是值得我们探讨与研究的重要问题。

第二节　人力资本相关理论

一、人力资本的界定

诺贝尔经济学奖获得者西奥多·舒尔茨[1]（Theodore W.

---

[1] Theodore W. Schultz, *Education and Economic Growth*, in *Social Forces Influencing American Education*, University of Chicago Press, 1961.

Schultz)是公认的现代人力资本理论的鼻祖。他研究指出,人力资本(Human Capital)是现代经济增长的重要生产要素,他认为人力资本是以劳动者自身为载体的人的知识、能力和健康。美国著名经济学家加里·贝克尔[①](Gary S.Becker)一生致力于人力资本理论方面的研究,为人力资本理论研究的发展作出了巨大贡献。他认为,人力资本不仅包括劳动者先天具有的健康、寿命,还包括后天形成的知识、技术和才干。著名经济学家罗伯特·卢卡斯(Robert E.Lucas Jr)首次将人力资本纳入经济增长模型中,以劳动者的一般技术水平衡量人力资本,推导出人力资本溢出模型。但这种定义具有针对性的目的,因此卢卡斯对人力资本实际含义的阐释是不全面的。《辞海》认为人力资本是通过教育、培训和干中学形成的一种无形资本,这种劳动者后天努力获得的知识和能力可以创造生产价值。

20世纪末,中国学者开始对人力资本理论进行研究。李国璋[②](1995)研究提出软投入理论,认为人力资本是劳动者的健康、受教育程度和劳动者积极性共同构成的一种具有经济价值的资本。王金营[③](2001)研究认为,人力资本是凝聚在劳动力体内的知识、健康和能力,是由人力资本投资形成的能够增加商品和服务经济收益的一种无形资本。张一力[④](2005)对人力资本理论进行了系统梳理,将人力资本划分为一般人力资本和专

---

① Becker G.S.,"Human Capital and the Personal Distribution of Income: An Analytical Approach",*Oecd Journal Economic Studies*,1967.

② 李国璋:《软投入研究的几个理论问题》,《开发研究》1995年10月30日。

③ 王金营:《人力资本与经济增长:理论与实证》,中国财政经济出版社2001年版,第14页。

④ 张一力:《人力资本与区域经济增长——温州与苏州比较实证研究》,浙江大学出版社2005年版,第41页。

业人力资本两种类型。张文贤[①]（2008）研究提出，人力资本是通过投资形成的能在社会经济中发挥经济效用的、具有经济价值的一种凝聚于劳动者身上的资本，这种资本不仅具有价值，且其价值还可增值。高素英[②]（2010）通过系统梳理人力资本理论，提出人力资本是经由人力资本投资形成的，由劳动者本身、道德和科技文化等素质共同构成的能力资本。综上所述，大量学者分别从人力资本的本质、内容、形成途径和作用四个角度对人力资本进行描述，认为人力资本的本质属于价值范畴，其内容主要包括健康、知识、道德水平和能力等素质，由这些构成的人力资本的素质是通过人力资本投资形成的，具有增加商品与服务的经济价值，以及提高劳动生产率的作用。根据已有学者的研究，笔者认为人力资本是由劳动者先天具有的健康、寿命和后天投资形成的知识、技术和能力共同构成的，可以创造经济价值、提高劳动生产率的，附着于劳动者身上的无形资本。

二、人力资本的构成要素

由于人力资本包含很多要素，并且人力资本能够通过积累经验不断学习，使不同的人以及同一个人在不同的时期所具有的知识和技能都存在差异，由此造成不同的学者对人力资本的要素构成有不同的看法。根据不同学者的研究，对人力资本的构成总结如表1-4所示。

---

① 张文贤：《人力资本》，四川人民出版社2008年版，第11页。
② 高素英：《人力资本与经济可持续发展》，中国经济出版社2010年版，第5页。

表1-4 人力资本构成要素汇总

序号	参考来源	构成要素
1	舒尔茨（1962）	教育、知识、技能和健康
2	贝克尔（1970）	才干、知识、技能、时间、健康和生命
3	安妮·布卢金（1996）	创造力、领导能力、解决问题与企业管理能力
4	埃德文森、马隆（1997）	诀窍、教育、专业资格、知识、教育背景、心理素质、实践能力、领导精神、创造力和应变性
5	普拉斯卡维茨、施泰因曼、费斯廷格（2000）	教育、培训、迁移和健康
6	鲁斯（1997）	员工专业技术、反应能力以及对工作的态度
7	李忠民（1999）	基础型人力资本、管理型人力资本、技术型人力资本和专业型人力资本
8	李建民（1999）	教育资本、技术资本与知识资本、健康资本和迁移与流动资本
9	王金营（2001）	教育资本和非教育资本
10	魏明（2003）	教育背景、社会经历、工作成果、个人资产状况、个人声誉和人际交流
11	李冬琴（2004）	人力资本的基本要求、对人力资本后期投入、工作态度和员工稳定性
12	徐笑君（2005）	知识、技能和才能
13	钟庆才（2005）	智力、非智力和健康因素
14	张一力（2004）	基础人力资本、专业人力资本、领导者人力资本
15	吴俊哲（2006）	员工能力、管理者能力、人力资本的后期投入和识别人才的能力

资料来源：笔者整理而得。

综合分析以上不同的分类方法，人力资本主要可以分为三类：（1）按照人力资本的内容，主要包括健康、教育、知识、培训、技能、经验以及精神因素；（2）按照人力资本表现出的能力，主要包括创造能力、解决问题的能力、学习能力、反应能力等；（3）按照人力资本分工的不同，主要包括基础人力资本、专业人力资本、管理人力资本、领导者人力资本等。根据本书的主要内容以及对人力资本的界定,本书采用第(1)类人力资本的划分方法,更具可操作性。

三、人力资本的效用

学者研究发现,人口统计变量,如性别、年龄、婚姻状况等以及人力资本变量和个性等是客观职业成功的重要决定因素(Gattiker 等,1988;Rosenbaum,1984)。20 世纪 90 年代至今,学者主要是从"智力""受教育程度""工作经验""职业变更""任职期限""培训状况"等方面来测量个人的人力资本,并且有很多的研究都发现,人力资本各变量与职业生涯成功之间存在显著的正相关关系(Sandy,1990)。韦恩等[1](Wayne 等,1999)以美国生产化学药品、机械设备等大型企业的 1413 名员工为对象,经实证检验证明了人力资本中组织任期和培训这两个变量能显著预测职业成功。吴等[2](Ng 等,2005)通过元分析发现,人力资本是预测职业成功的强有力的因子之一,教育水平、教育质量等都对职业成功有显著的正向影响(Gerard,2003)。个人在教育和经验方面的投资以及工作经验和任期是预测职业发展最有力的因素(Drecher 和 Ash,1990;Tharenou,1994;Kirchmeyer,1998)。基顿(Keeton,1996)以政府部门中高层女性管理者为研究对象,发现人力资本中的教育、智力、工作的竞争力和技术技

---

[1] Wayne S. J., Liden R. C., Kraimer M. L., Graf I. K., "The Role of Human Capital, Motivation and Supervisor Sponsorship in Predicting Career Success", *Journal of Organizational Behavior*, Vol.20, No.5, 1999, pp.577-595.

[2] Ng T. W. H., Eby L. T., Sorensen K. L., et al., "Predictors of Objective and Subjective Career Success: A Meta-analysis", *Personnel Psychology*, Vol.58, No.2, 2005, pp.367-408.

能与女性管理者职业生涯成功高度相关。相比大多研究关注人力资本要素与职业成功的简单关系,吴和费尔德曼(Ng和Feldman,2010)对人力资本对职业成功影响的中介机制做了探索,发现人力资本中的教育水平、工作投入、工作经验和工作时间可以影响个人的认知能力和责任心,从而影响客观的职业成功。郭文臣等[①](2014)研究发现,人力资本高的个体往往具备较强的竞争优势,在组织中通过增强自身人力资本进而更好地实现个人与组织的契合,而个人组织的契合则为个体职业发展奠定了基础,使个体在为组织作出贡献的同时实现自身的职业成功。周文霞等[②](2015)研究发现,职业生涯阶段和职业类型是人力资本影响职业成功的调节变量。在职业生涯早期阶段,个体的人力资本对职业成功的预测力更强,人力资本对技术型的职业从业者具有更强的预测作用。

总体而言,人力资本与职业成功关系的研究主要选取了能够直接测量的、人力资本的客观要素,而职业成功也主要关注能够直接测量的客观指标——薪酬和晋升。综观已有的研究,在人力资本与职业成功的关系研究领域,国内外成果均较多。但国内对人力资本的实证研究主要集中在人力资本与就业、经济增长、职业倾向等方面的关系上,从管理学领域探讨人力资本对职业成功影响的实证研究较少。以往对职业成功影响因素的研究较为零散,还没有研究者以系统整合的视角研究此问题。

---

① 郭文臣、田雨、孙琦:《可就业能力中介作用下的个人——组织契合对职业成功和组织绩效的影响》,《管理学报》2014年9月1日。

② 周文霞等:《人力资本、社会资本和心理资本影响中国员工职业成功的元分析》,《心理学报》2015年2月15日。

第三节　组织支持感相关理论

一、组织支持感的界定

艾森伯格等[①]（Eisenberger 等，1986）提出组织支持感概念时，并未引起学者们的广泛关注，到 20 世纪 90 年代，才有越来越多的学者对这一理论与概念展开深入的研究与探讨，现已成为解释组织—成员关系的重要理论之一，是雇员关系管理的重要概念之一。大量研究表明，组织支持感是一个相对独立的概念，它与诸多概念存在区别，如情感组织承诺（affective organizational commitment）（Settoon、Bennett 和 Liden，1996；Rhoades、Eisenberger 和 Aimeli，2001）、持续承诺（continuance commitment）（Shore 和 Tetrick，1991）、领导—成员交换（Wayne、Shore 和 Liden，1997）、领导支持（Kottke 和 Sharafinnski，1988；Malatesta，1995）、过程公正（procedural justice）（Andrews 和 Kaemar，2001）以及工作满意度等（job satisfaction）（Aquino 和 Griffeth，1999）。艾森伯格（1986）认为，组织支持感是员工对组织关心自己福利（well-being）和重视自己贡献（contribution）程度的全面感受与知觉。当员工的组织支持感较强时，他们会感受到来自组织的支持、关心、理解与认同，从而受到有效的激励，并努力工作，在出勤与绩效方面达到最佳的表现。米林（Millin，1997）通过对客服人员的研究补充了艾森伯格（1986）的不足，他指出组织支持感包括情感性与工具

---

① Eisenberger R.，Huntington R.，Hutchisom S.et al.，"Perceived Organizational Support"，*Journal of Applied Psychology*，Vol.71，No.3，1986，pp.500−507.

性的双重支持,其中情感性支持是组织给予员工足够的尊重;工具性支持是指为使员工更好地完成工作,组织提供工作所需的设备与工具等。员工若缺少工具性支持,会导致不良服务行为的发生或是服务行为的中断,最终带来员工的气愤与不满。凌文辁[①]等(2006)以中国企业员工为样本,采用实证研究发现员工的组织支持感来源于在工作上得到支持、对价值观的认同以及对员工利益的关心。综观国内外学者对组织支持感这一概念的界定,大多围绕着艾森伯格(1986)最初对组织支持感的定义,即员工对来自组织对其贡献与幸福的全面感知与看法,为此本书采用该定义。

二、组织支持感的结构与测量

由于研究视角与文化背景的不同,国内外学者对于组织支持感的结构与测量尚没有形成一致的意见。艾森伯格等(1986)认为,组织支持感体现了组织对员工的情感支持,是个体对组织给予的关心与支持的一种总体感知,是一个单维度的构念,并开发了由36个题项组成的测量量表,题项包括"组织很重视我的目标与价值""当我遇到问题时在组织中能够得到帮助""组织对我的因病缺勤表示理解"等。该量表由18个正向描述题项和18个反向描述题项构成。因子分析结果表明组织支持感是一个单维度构念,具有良好的内部一致性(因子载荷为0.43—0.84),信度系数0.93。其他学者通过对不同国家、行业与不同组织员工的实证研究,验证了该量表具有较好的内部

---

① 凌文辁、杨海军、方俐洛:《企业员工的组织支持感》,《心理学报》2006年第2期。

信度与单维结构,在后续的研究中得到较好的应用。也有学者采用其中 17 个因子载荷较高的题项(Kottke,1988)或是更少的题项(Eisenberger 等,1990)对原有的 36 个题项进行替代,简化后的量表信度系数为 0.91—0.92(Chen 等,2005;Wayn 等,2002)。麦克米林①(McMillin,1997)在艾森伯格等研究的基础上提出组织支持感是个二维的结构,包括情感支持与工具性支持两个部分,并开发了一套组织支持感测量量表。工具性支持方面的题项主要包括员工感知到的组织提供的功能性支持,如资讯、物质和人员等的支持。情感支持方面的题项主要包括员工感知到的组织提供的亲密支持、尊重支持等。克拉尔默和韦恩②(Kraimer 和 Wayne,2004)分别从对环境调整感知到的组织支持、对职业生涯感知到的组织支持、对个人财务感知到的组织支持三个维度将员工组织支持感进行了划分,并开发了 12 项目的量表,其三个维度的测量信度系数分别为 0.57、0.55 和 0.92。

我国学者对组织支持感的相关研究晚于国外学者。凌文辁等③(2006)通过实证研究发现中国企业员工的组织支持感不同于国外学者(Eisenberger 等,1986)的单维构念,在中国文化背景下组织支持感由三个维度构成,分别是在工作上给予员工足够的支持、对员工的价值观表示认同、关心员工的利益,其开发的组织支持感测量量表共 24 个题项,信度系数 0.87,该量表在国

---

① McMillain R., *Customer Satisfaction and Organization Support for Service Providers*, University of Florida,1997.

② Kraimer M.L.,Wayne S.J.,"An Examination of Perceived Organizational Support as a Multidimensional Construct in the Context of an Expatriate Assignment",*Journal of Management*, Vol.30,No.2,2004,pp.209-237.

③ 凌文辁、杨海军、方俐洛:《企业员工的组织支持感》,《心理学报》2006 年第 2 期。

内学者中得到了一定程度的应用(王立,2010;任丽君,2012),并得出了组织支持感的三维结构更能有效反映出其对员工激励的重要结论。现在有部分学者认同中国员工的组织支持感是一个多维的结构,但是学者们对于组织支持感的多维结构模型尚未形成一致的看法。基于以上结论,本书支持组织支持感的单维结构这一界定,采用艾森伯格等(1986)开发的量表,并依据学者们的研究结论(Chen 等,2005;谭小宏等,2007;张侃,2011),选用其中因子载荷最高的 9 个项目对组织支持感进行测量。

三、组织支持感的作用机制

组织支持感对员工组织行为的影响主要从心理和情感两个方面发挥作用,如对组织承诺、工作绩效、工作压力、工作满意度和离职倾向等结果变量产生影响。唐娜米·兰德尔等(Donna M.Randall 等,1997)研究发现,组织支持感与组织承诺正相关,当分别从情感承诺和权衡承诺两个方面分析组织支持感产生的作用时,发现具有高组织支持感可以增加员工对组织的情感承诺(Allen,2003),而较低的组织支持感却带来了较高的权衡承诺。斯廷格汉伯和范登伯格[1](Stinglhamber 和 Vandenberghe,2003)也认为组织支持感会让员工产生一种回报组织的责任感、认同感、归属感和使命感,当组织满足员工的社会情感需要时,会增加其情感承诺(Eisenberger 等,1986)。我国学者的实证

---

[1] Stinglhamber F., Vandenberghe C., "Organizations and Supervisors as Sources of Support and Targets of Commitment: A Longitudinal Study", *Journal of Organizational Behavior*, Vol.24, No.3, 2003, pp.251-270.

研究也表明组织支持感对员工的情感承诺和利他行为具有积极影响(凌文辁、杨海军、方俐洛,2006)。

克里默等[1](Kraimer 等,2001)以涉外员工为研究对象,通过与领导—成员交换、配偶支持相比较,发现组织支持加快了涉外员工对环境的适应,进而提高了员工的任务绩效和关系绩效。庄等[2](Chong 等,2001)对生产人员的研究表明,具有较高组织支持感的员工对看板管理(JIT)持有更积极的态度,工作绩效得到了明显的提高。贝尔等[3](Bell 等,2002)以销售人员为研究样本,发现员工的组织支持感越高,其顾客评价值得分越高,组织支持感与顾客服务质量成正比。乔治(George)和布里夫[4](Brief,1992)认为,组织支持对员工关系绩效的影响要强于任务绩效,原因在于任务绩效还会受到个人能力、工作设计等因素的影响。艾森伯格(2001)[5]的元分析也表明组织支持感与角色外绩效存在中等大小的相关性,对组织公民行为有良好预测性。另外值得注意的是,在这些研究中,组织承诺、组织认同、工作满意度等因素在组织支持感影响工作绩效的过程中发挥中介

---

[1] Seibert S.E., Kraimer M.L., Liden R.C., "A Social Capital Theory of Career Success", *Academy of Management Journal*, Vol.44, No.2, 2001, pp.219-237.

[2] Chong H., White R., Prubutok V., "Relationship Among Organizational Support, JIT Implementation, and Performance", *Industrial Management Data Systems*, Vol.101, No.5, 2001, pp.273-285.

[3] Bell S.J., Menguc B., "The Employee-organization Relationship, Organizational Citizenship Behaviors and Superior Service Quality", *Journal of Retailing*, No.78, 2002, pp.131-146.

[4] George J.M., Brief A.P., "Feeling Good-doing Good: A Conceptual Analysis of the Mood at Work-organizational Spontaneity Relationship", *Psychological Bulletin*, Vol.112, No.2, 1992, pp.310-329.

[5] Eisenberger R., Armeli S., Rexwinkel B., Lnch P.D., Rhoades L., "Reciprocation of Perceived Organizational Support", *Journal of Applied Psychology*, Vol.86, No.1, 2001, pp.42-51.

作用。

韦恩等[①]（2003）研究证实组织支持正向影响工作满意度，组织对员工工作上的支持会提升工作满意度（Cropanzano 等，1997；Nye 和 Witt，1993）。艾森伯格等[②]（1997）也发现，企业员工的组织支持感与工作满意度存在正相关关系。罗兹与艾森伯格[③]（Rhoades 和 Eisanberger，2002）通过元分析，证实组织支持感与工作满意度的平均加权相关系数（average weighted correlation）为 0.59（p < 0.001）。谭小宏等[④]（2007）通过对回收的 611 份有效问卷进行统计分析，发现在中国特定文化背景下，组织支持感会对员工工作满意度产生显著的影响。根据互惠原则，人们愿意回报那些给予自己帮助与恩惠的人。对于得到组织奖励与报酬的员工，也希望通过自己的努力工作和奉献回报组织，在这一过程中员工会产生强烈的使命感与责任感，并为自己成为组织中的一员感到荣幸，职业流动的意愿与离职行为会显著降低（Eisenberger 等，1990；Wayne 等，1997）。艾伦等[⑤]（Allen 等，2003）也发现较高的组织支持感能减少员工的离职意愿与行

---

① Wayne A.，Charles K.，Pamela L.et al.，"Perceived Organizational Support as A Mediator of the Relationship Between Politics Perceptions and Work Outcomes"，*Journal of Vocational Behavior*，Vol.63，No.4，2003，pp.438-456.

② Eisenberger R.，Cummings J.，Armeli S.，Lynch P.，"Perceived Organizational Support，Discretionary Treatment，and Job Satisfaction"，*Journal of Applied Psychology*，Vol.82，No.5，1997，pp.812-820.

③ Rhoades L.，Eisenberger R.，"Perceived Organizational Support：A Review of the Literature"，*Journal Applied Psychology*，Vol.87，No.4，2002，pp.698-714.

④ 谭小宏、秦启文、潘孝富：《企业员工组织支持感与工作满意度：离职意向的关系研究》，《心理科学》2007 年第 2 期。

⑤ Allen D.G.，Shore L.M.，Griffeth R.W.，"The Role of Perceived Organizational Support and Supportive Human Resource Practices in the Turnover Orocess"，*Journal of Management*，Vol.29，No.1，2003，pp.99-118.

为,其中工作满意度和组织承诺起到了中介作用。

第四节 关系资本相关理论

一、关系资本的内涵

20 世纪 80 年代,美国经济学家布鲁斯·摩根(Bruce Morgan)首次使用了关系资本这一概念,他指出关系经济中能够带来价值的关系就是一种资产。关系的创造也是一种生产性活动。关系资本通过关系的创造和利用而带来资产(Nahapiet 和 Ghoshal,1998),这些资产使关系成为实现个人和集体目标的资源(Kale、Singh 和 Perlmutter,2000)。目前,学者们对关系资本仍未形成权威性的统一定义,不同学者从不同角度对关系资本进行界定,大多数研究是从社会资本的维度来分析关系资本。关系资本侧重于个人在结构网络体系中所占据的位置。例如,两个人可能在一个类似的结构网络中占据同等地位(有类似的结构性社会资本),但如果他们与结构网络中其他成员的感情联系(关系资本)不同,他们的行为也将有所不同(Nahapiet 和 Ghoshal,1998)。罗伯塔和亚力桑德拉(Roherta 和 Alessandra,2005)指出,关系资本的概念与社会资本的概念有不同之处,社会资本存在于社会网络之中,通过发展信任和归属关系而形成一种规制,可以克服市场失灵。关系资本则是互动与合作并交换技能的能力,是市场关系、权力关系和合作关系的综合,这种关系建立在个人或其他机构之间具有强烈的归属感以及相似的文化基础之上。凯尔(Kale,2000)认为,关系资本是指在联盟伙

伴各层级紧密互动下,彼此产生相互信任、尊重及友谊的程度。保罗·卡曾斯等(Paul D.Cousins 等,2006)认为,供应链关系资本是合作伙伴之间建立的相互尊重、信任的密切互动关系。德·克莱尔克和萨皮恩扎(De Clercq 和 Sapienza,2006)定义关系资本为一定程度上的交换,这种交换涉及信任、社会交往和共同准则或目标。陈菲琼①(2003)认为,存在于联盟企业个人层次上的互相信任、尊重和友谊称为关系资本。宝贡敏和王庆喜②(2004)认为,联盟企业之间的关系资本既包括组织层次又包括个体层次,是建立在组织和个体层次上的相互信任、友好、承诺、专用性投资等为联盟企业专有的独特性关系资源。林莉和周鹏飞(2004)将建立在个人层面上相互信任、尊重、友好等独特的关系资源视为关系资本。

从上述观点可以看出,不同学者从关系理论、能力观、资源观等不同角度对关系资本进行了解释,在界定角度、概念主体、范围等方面存在差异,但有其共同之处,即大多认为关系资本能够增加个体达到目标的能力,具有工具性,是一种特殊的资本形态,并且关系资本是建立在个人或组织层面上的体现相互之间的信任、友好、尊敬和互相谅解的关系资源的总和。

二、关系资本的构成要素

目前,关系资本构建问题尚未引起学者们的广泛关注,有关这方面的文献较为缺乏。米勒(Miller,2000)较早地对如何在跨

---

① 陈菲琼:《关系资本在企业知识联盟中的作用》,《科研管理》2003 年 9 月 20 日。
② 宝贡敏、王庆喜:《战略联盟关系资本的建立与维护》,《研究与发展管理》2004 年 6 月 25 日。

文化的组织中进行关系资本建设进行了研究。他通过案例分析,指出主要可从五个方面进行:(1)创建一个联盟各方共同的方向,并使这个方向达到各方共识;(2)制订联盟合作协议,在协议中规定合作目标并经常检讨执行情况以促进目标的实现;(3)根据合作伙伴的能力确定其在合作中应承担的责任;(4)欣赏和尊重各个合作伙伴思维方式和工作方式的多样性;(5)建立良好的关系,经常沟通,处理冲突,荣辱与共。

胡安等(Juan 等,2006)通过对西班牙验光配镜行业的 139 个中小型企业的实证调查,得出结论:合作组织要创建关系资本,首先需要抛弃(或忘却)已学到的知识(或已养成的习惯等),并分析了合作组织的三个关键要素(企业背景、管理及团队合作)对这种抛弃(或忘却)的影响过程。闫立罡、吴贵生[1](2006)认为,企业进行关系资本培育要同时从结构化方法和面向特定联盟的方法两个方面着手。

在频繁的交互作用过程中,关系各方根据潜在关系伙伴的历史行为记录来判断其风险偏好及其未来的行为选择,从而判断关系对方是否具有潜在的机会主义行为。经过反复的交互作用,增进关系各方的了解,减少信息不对称,降低机会主义行为的可能性。从博弈论的角度看,建立与利益相关者长期的关系,即是由一次博弈转为重复博弈。在一次博弈中存在的机会主义行为问题,可以通过重复博弈加以解决。随着关系各方合作的发展,相互间的认识更加深入,机会主义行为也逐步减少,关系资本也随着关系的成熟而逐步形成。拉思(Ruth,2009)提出,

---

① 闫立罡、吴贵生:《战略联盟中关系资本的重要作用与培育方法》,《软科学》2006 年 4 月 30 日。

组织可以通过允许个人展示其可信性和可预见性,建立组织规范、规则和法规,进一步建立组织信任。组织也可通过建立明确的组织成员边界,强调该组织的独特性和内部同质化,如提供一个明确的内部成员结构、一套共同的目标,达到成员的共识与认同(Hogg 等,2007);通过互相监督和制裁违反规范的行为,建立更加长期和稳定的组织关系,更清晰地明确成员间的义务。

三、关系资本的效用

关系的创造也是一种生产性活动。关系资本通过关系的创造和利用而带来资产(Nahapiet 和 Ghoshal,1998)。这些资产使关系成为实现个人和集体目标的资源(Kale 等,2000)。

从近年的研究文献来看,对关系资本功能研究呈现的趋势是研究范围从宏观走向微观领域,更多地进行特定组织的关系资本研究。关系资本在联盟中具有重要的作用。坎特(Kanter,1994)发现,信任是联盟成功的关键因素。古拉蒂和加尔朱洛(Gulat 和 Gargiulo,1999)论证了在两个组织之间建立关系资本将为这两个组织更好地了解合作伙伴的竞争力和可靠性提供一个有效的渠道。从这个角度看,关系资本在创造和建立更大的联盟网络中发挥重要的作用,它增加了合作伙伴在未来互相结盟的概率,帮助企业与合作方之间建立紧密的关系。黄俊等(2011)从社会资本的视角研究市场导向对新兴经济体的共生联盟稳定性所起的作用。结果表明,共生营销联盟企业的市场定位对社会资本的建立有积极作用;反过来,社会资本对于共生营销联盟的稳定也起到积极作用。此外,社会资本对于合作伙伴之间的资源共享有促进作用;而合作伙伴之间的资源共享对联盟稳定性也产生积极影响。宝贡敏和王庆喜（2004）提出，通过联盟而形成的关系资本能够为联盟企业带来其他企业无法复制和模仿的竞争优势，是创造关系性租金的核心要素。董雅丽和薛磊①（2009）认为，关系资本作为战略联盟成功的关键因素，是实现联盟潜在价值向现实价值转化的重要途径。

关系资本对其他类型的企业组织也起到积极作用。罗（Luo，2002）指出，如果没有相互信任的合作，不可能有效地管理合资企业，关系资本对合资企业的业绩具有正面作用。罗伊（Roy，2005）采用 44 个国家 113 个合资企业作为研究样本进行实证研究，得出关系资本对合资企业的业绩具有重大影响的结论。保罗等（Paul 等，2006）认为，供应链关系资本可以使合作伙伴实现更简洁及准确的信息共享，进行反应灵敏的技术援助，从而提高工作效率，降低供应链成本，使供应链具有更大的灵活性。佐尔诺扎·安娜等（Zornoza Ana 等，2009）指出，关系资本在虚拟团队的有效组建及成功运营方面起着重要的作用。

可以看出，关系资本本身存在且产生于关系网络中，这种现实和潜在的关系资源与物质资本和人力资本共同作用并为组织带来价值，同时可以促使经济的增长。但是，还要看到关系资本理论还有很多需要完善之处，罗伯塔和亚历桑德拉（2005）指出，关系资本在不同的地区、部门和不同的组织背景下发挥不同的作用，在不同国家、地区的不同文化背景下关系资本可能具有

---

① 董雅丽、薛磊：《战略联盟中关系资本管理体系的构建》，《科技进步与对策》2009 年 9 月 10 日。

不同的形式和表现程度。因此,需深入研究当代西方的关系资本理论及应用,重视中国本土研究中得出的结论对关系资本理论的补充,从中国的特定经济背景和文化背景出发,形成关系资本完整的理论框架。

第二章 女性高层次人才职业发展现状与困境

第一节 高层次人才的界定与特点

一、高层次人才的界定

高层次人才,一般指人才队伍中层次比较高的优秀人才,他们往往处于各个领域的专业前沿,素质高、能力强、贡献大、影响广。高层次人才是人才群体中的精英,是在我国人才队伍结构中处于高端的特殊群体,分布在我国政治、经济、军事、科技、教育和文化等各个行业与领域中,以其创造性劳动为社会发展和人类进步作出突出贡献的杰出人才。依据《国家中长期人才发展规划纲要(2010—2020年)》,本书将人才划为企业经营管理人才、专业技术人才两大类。为进一步考量研究不同类型的专业技术人才的特性,参考全国专业技术人才工作座谈会(2009)的相关内容,将高层次专业技术人才细分为工程技术人才、科学研究人才、教育教学人才,故本书将高层次人才分为四类群体,分别为企业经营与管理人才、工程技术人才、科

学研究人才、教育教学人才(见表2-1)。高层次专业技术人才和经营与管理人才共同构成国家高层次人才的主体,除一部分是在管理方面具有专长外,相当多的高层次人才是自己专业领域的拔尖人才,因此他们在某种程度上可看作是知识经济的重要动力引擎。

表2-1　高层次人才分类

高层次 人才	A 企业经营与管理类	A₁企业经营与管理型
	B 专业技术类	B₁工程技术型 B₂科学研究型 B₃教育教学型

二、高层次人才成长的特点

高层次人才由普通人才发展而成,其成长过程既有普通人才的成长规律,又有自身的成长特点。高层次人才的成长具有资本性、自主性、创新性、团队性和风险性等特点。

(一)资本性成长

普通人才具有社会的广泛性,只要在一定的范围内能达到一定的标准即可。而高层次人才则不然,他们必须在各自的专业范围内能独占鳌头,对本学科的前沿知识了如指掌,熟练有效地解决本专业领域中出现的各种问题,不断开拓新的局面。这就要求高层次人才必须拥有更多的人才资本存量。人才资本不仅包括知识、技能、健康、心态等要素,而且还包括经历、经验以及发展潜力等要素。高层次人才成长过程的结果就是形成具有很高资本存量的高层次人才。

复杂知识和高超技能的获得必须经过系统而严格的学习、训练和实践才能获得，尤其需要把握本学科的前沿知识和向本行业的权威专家、学者学习，并将其转化为自身的素质和能力。而这一切都离不开大量资金的投入，没有大量资金的投入就没有高效益的产出。不仅高学历学习和高层次培训交流需要大量投入，高起点的研究与开发等实践条件更需要大量投入。对于高层次人才的成长而言，对他们的投资过程就是其资本形成的过程，国家、单位和个人都要不断加大对高层次人才的投资。

（二）自主性成长

如果说普通人才的成长是批量生产的话，那么高层次人才的成长就是个别生产。与普通人才的批量生产相比，高层次人才的个别生产不是他因性的生产，而是自主性的生产，或称为自主性的成长。可以说，高层次人才的成长不论是对知识和能力的积累而言，还是对经验和经历的积累而言，都是不断自我更新的过程。今天的高层次人才，若不能时刻完善和发展自己，明天便有可能遭受历史的遗弃，变成较低层次的人才。

普通人才只有在自身原有的基础上经过特定范畴的深造学习或实践锻炼，才有可能具备高层次人才所需的素质和条件。但是，是否继续发展？发展到什么程度？选择什么范畴发展？怎么发展？什么时间具体做什么事？这些问题的解决，不能仅依靠组织、社会或他人，更重要的是发挥个人的主观能动性。人才的层次越高，其成长过程中所含有的探索成分和难度就越大，人才个体的意志品格、兴趣爱好以及事业心、进取心、责任心和奉献精神所起的作用就越大。

（三）创新性成长

高层次人才作为国家各专业领域的战略性资本，自主创新是其最根本的特征。由于高层次人才要在社会实践中不断地创造出新的知识、新的思想、新的技术和新的事物，因此高层次人才的开发必须围绕创新能力的培养来进行。失去了创新意识和能力，高层次人才就失去了灵魂，普通人才也就不可能成长为高层次人才。

对国家而言，在高层次人才培养的过程中，要坚持以能力建设为主题，把增强自主创新能力作为高层次人才开发的战略基点和调整高层次人才结构、转变高层次人才增长方式的中心环节，根据各类高层次人才的成长规律和特点，构建高层次人才的培养制度和体系，大力提高高层次人才的原始创新能力、集成创新能力和引进消化吸收再创新能力，建设创新型团队。

（四）团队性成长

在知识经济时代，再伟大、再成功的人才也离不开团队的合作。很多高层次人才的成长往往不是一个独行客单打独斗，而是一个伴随着由若干层次相近的人才组成的群体或由若干水平相衔接的人才组成的梯队发展的过程。高层次人才的共生现象要比普通人才更加普遍和明显。因此，在高层次人才成长的过程中，要鼓励合作，倡导团队精神。

没有一大批拥有世界前沿一流水平的高层次人才团队，就不能支撑创新性的国家。高层次人才的开发，不仅要强调团队背景，更为重要的是要培养他们的组织协调能力、主导局面的能力和非常强的凝聚力。国家高层次人才培养工程不仅要为专家团队的形成创造条件,而且还要提升高层次人才相关能力、塑造优秀的人格魅力,使他们成为团队坚强的核心和带头人。

(五)风险性成长

凡是创新、发明、开拓和竞争性的事业都具有很高的风险性,越是高层次的人才其所从事的事业就越具有风险性。甚至可以说,高层次人才的成长过程就是在风险的山峰上攀登的过程,随时都可能碰到艰险、困难、歧途、失败乃至覆灭。高层次人才必须具有坚强的意志和百折不挠的风险精神。

由于高层次人才成长具有高风险性,因此整个社会需要对高层次人才给予强有力的保障。要大胆探索与高层次人才职业风险程度、对社会的累积贡献大小和人才价值的市场认可程度等相对应的保障机制。鼓励用人单位和社会各界在工作上和生活上为高层次人才提供各种形式的保障,以解除他们的后顾之忧。同时,要根据高层次人才成长的特点和需要,建立重要人才国家投保制度,建立高层次人才安全体系。

三、高层次人才职业发展阶段划分

荷尔[①](Hall,1996)认为,个体在一生中要经历探索期、尝试期、立业期、维持期四个职业发展阶段,在不同职业发展阶段,个体会重新开始输入信息、学习知识、积累经验、提高技能以适应新的职位要求。我国学者廖泉文提出职业生涯发展的"三、三、

---

① Hall D. T., "Protean Careers of the 21st Century", *The Academy of Management Executive*, Vol.10, 1996, pp.8—16.

三理论",他将职业发展分为输入、输出和淡出三个阶段,其中输出阶段包含就业到退休的过程,是职业发展最重要的阶段;输出阶段可分为适应阶段、创新阶段、再适应阶段,是适应职业发展的三个心理过程;再适应职业发展阶段可分为顺利晋升、原地踏步和下降到波谷三个方向。他还指出男性有直线型职业生涯和螺旋型职业发展路径,女性有倒 L 型、倒 U 型、M 型和波浪型职业发展模式。还有学者提出了直线型、螺旋型、跳跃型和双重型四种职业发展模型与运动形式。依据我国学者和国外学者对职业发展各阶段的划分,提出高层次人才职业发展的四个阶段(罗青兰等[①],2012)。这四个阶段因为人才个体差异的不同,其综合能力随时间的变化会有所不同(见图 2-1)。

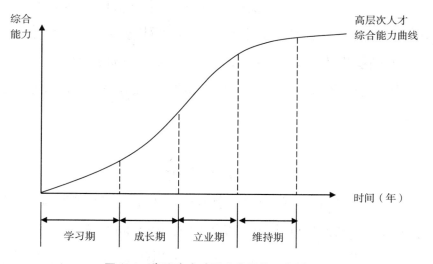

图 2-1　高层次人才职业发展的四个阶段

---

　　①　罗青兰、孙乃纪、于桂兰:《高层次人才成长规律与成长路径研究》,《现代经济探讨》2012 年第 4 期。

（一）第一阶段——学习期

这一阶段是高层次人才成长的预备阶段,此时的高层次人才还算不上是真正的人才,他们主要是在学校接受正规系统的学历教育,如本科、硕士和博士学历的教育,除考虑他们接受教育的层次外,还要考虑他们接受教育的时间长短及连续性。一般情况下,长周期以及国内外高校混合培养的模式更可能成为其关键成长路径。

（二）第二阶段——成长期

这一阶段是高层次人才成长的初步发展阶段,是人才成长周期的适应阶段。在这一阶段高层次人才会将自己的聪明才智运用到与自己专业知识紧密联系的工作岗位中,将自己的理论知识与实践相结合,熟练地掌握与工作岗位相关的各项专业技能,积累一定的实践经验与能力。

（三）第三阶段——立业期

在这一阶段高层次人才经过长期的培养和实践锻炼,经验和技能有了飞速的发展,综合能力有了很大程度的提高。主观上则表现出对职业与个人成就有较强的追求,有更强的事业心与进取心,在工作中能发挥一定的技术或组织管理能力,能为组织管理和技术水平的提高作出较大的贡献。在出色完成本职工作的同时,能够充分发挥与运用个人的人际沟通能力与人际关系网络,与组织内各专业和各类人员通力合作,高效地完成组织交付的艰巨任务,并获得同事与领导的赞扬与认可。

（四）第四阶段——维持期

这一阶段高层次人才综合能力发展程度接近极限。因为高层次人才在其持续成长之后，在生理和其他非人为因素的作用下，心理与生理机能会有一定程度的退化与减弱，已经进入一个人的生命周期的最后一个阶段，此时他们个人能力的发展速度已经非常缓慢甚至停滞。

第二节　女性高层次人才职业发展现状

为了更好地了解女性高层次人才职业发展现状，在调查吉林省高层次人才总体情况的基础上，仍以吉林省为例，通过问卷调查与访谈调查，以吉林省女性新世纪人才、在读女博士、企业女性管理者、女性创业者与女性科技工作者作为访谈对象，了解她们的职业发展现状与成长经历，通过分析找到影响女性高层次人才职业成功的因素。

一、女性新世纪人才职业发展现状

"新世纪优秀人才支持计划"属于教育部"高层次创造性人才计划"的第二层次（第一层次是"长江学者"），是对高校优秀青年学术带头人的一个支持计划。该计划由过去的"高校青年教师奖""跨世纪优秀人才培养计划""优秀青年教师资助计划"和"高等学校骨干教师资助计划"四个人才计划集合而成，主要着眼于培养支持一大批学术基础扎实、具有突出创新能力和发展潜力的优秀青年学术带头人,支持他们开展创新性研究工作,承担国家重大科研任务,为把他们培养成优秀学科带头人搭建台阶与创造条件。该计划每年遴选支持 1000 名左右的优秀青年学术带头人。

2018 年正值教育部"新世纪优秀人才支持计划"实施 15 周年,值得对该计划进行多角度、多层面的总结。本书从获得支持的女性新世纪人才角度,通过深度访谈的质性研究方法,对该计划发挥的作用和需要改进的内容进行总结。

在 2014 年 4 月到 7 月,对吉林省某"985"高校 2004 年以来入选"新世纪优秀人才支持计划"的 10 位女性人才,进行了深度访谈。该校自 2004 年开始到目前止,新世纪人才计划入选者总计 175 人,其中女性 33 人,占 18.86%。

本次访谈使用方便抽样的方法选择访谈对象。首先,确定潜在访谈对象。在学校网站或其他公共网站上确定该校历年入选"新世纪优秀人才支持计划"的名单,并统计女性入选者的相关信息。其次,联系潜在访谈对象,并确定最终的访谈对象,最终有 10 位女性新世纪人才接受了访谈。其中人文社科类和理工科类各占 50%;"60 后"和"70 后"各占 50%;入选新世纪人才的时间分布在 2004 年到 2012 年。访谈对象的基本信息如表 2-2 所示。

表 2-2 女性新世纪优秀人才访谈对象基本情况

序号	姓名代码	所在学科	年龄段	入选时间(年)
1	LX	政治学	"60 后"	2007
2	YM	经济学	"60 后"	2010

续表

序号	姓名代码	所在学科	年龄段	入选时间（年）
3	GM	文学	"70后"	2011
4	XL	管理学	"70后"	2011
5	FJ	电子科学	"70后"	2007
6	YJ	电气工程	"70后"	2012
7	WJ	化学	"60后"	2006
8	ZX	法学	"60后"	2007
9	JM	材料科学	"70后"	2009
10	LM	材料科学	"60后"	2004

（一）女性新世纪优秀人才成长的特征

通过对以上10位女性新世纪优秀人才的访谈，笔者发现她们拥有一些共同特征，具体内容如表2-3所示。

表2-3　女性新世纪优秀人才成长的特征

分类	特征
个性方面	具备认真、坚韧、进取、敬业、豁达、责任心强等高宜人性等特质，绝大多数女性新世纪优秀人才的人际交往能力和团队协作能力比较强
学术生涯方面	对自己的研究领域充满探索欲望，兴趣是她们在本学科不断进取、突破自我、取得成功的重要因素；绝大多数人的导师和导师的团队对她们的学术发展、学术风格和管理风格有较大的影响；自己组建的研究团队对职业生涯后续的发展也有不可忽视的作用
工作家庭关系方面	家庭在她们职业成功中扮演着非常重要的角色。她们的工作家庭关系都处理得非常好，都生活在促进型的工作家庭关系氛围中
性别冲突方面	基本都没有感觉到明显的性别冲突，一致认为个人努力比性别更重要

（二）"新世纪优秀人才支持计划"对女性新世纪人才发挥了重要作用

人文社科的 LX 教授，入选前在地缘政治研究领域已经成果颇丰，正计划向全球化时代的地缘政治研究领域跨越。"新世纪人才支持计划"的资助，恰好使她把全球化和地缘政治整合起来，将研究设想变成了学术实践，使她的研究比较集中，研究方向更加稳定。新世纪资助项目的研究成果，为她申报学校的"自由探索计划"奠定了基础。在新世纪人才资助项目成果和学校"自由探索计划"成果的基础上，又成功申报了几个重要的研究项目，其中包括一个国家社科基金重点项目。2014 年 LX 教授获批享受国务院特殊人才津贴。

理工科类的 JM 教授，4 年前从日本学成回国。"新世纪优秀人才支持计划"为她提供了 25 万元，她刚回国资金就到账了，这笔资金是她搭建自己的科研平台的重要资金来源。

理工科的 WJ 教授，使用"新世纪优秀人才支持计划"提供的经费购买了实验需要的仪器设备，她感觉无论是从荣誉还是从资金支持上，这个计划对她的成长都非常重要。ZX 教授认为，"新世纪优秀人才支持计划"对自己的科研很重要，在项目经费支持下出版的一本专著，使她的研究又向前迈进了一步。

理工科类的 FJ 教授觉得，入选"新世纪优秀人才支持计划"是对前一段成就的认可。这个荣誉使她在以后申请项目的过程中变得更有竞争力。她的研究工作，完全都是由项目支持的，过去的项目支持新项目的申请，没有项目很难做科研。在 2007 年"新世纪优秀人才支持计划"项目的基础上，她又申请

成功了自然科学基金的 4 个面上项目、1 个优青项目。她感觉,这个过程是个环环相扣的良性循环,只有拿了项目才能做研究出成果,然后才能再申请新的项目。有了项目之后研究的问题可能更集中,研究成果水平更高,申请到更高级别项目的可能性越大。

受访者普遍认为,新世纪人才是一项荣誉,是对自己过去成就的肯定与认可。人文社科的 GM 教授说,新世纪项目就是一个对过去成绩的证明,她很在意这个新世纪优秀人才称号。YJ 教授认为,入选"新世纪优秀人才支持计划"对于学科和个人的发展都很重要,是对个人的一种肯定,这种肯定在青年人的成长过程中发挥的激励作用是不可估量的。LM 教授也认为,新世纪优秀人才称号是对自己前段时间工作的认可,它是一个人才项目,获得该项目说明所做的研究有意义,值得教育部资助。

GM 教授说,"新世纪优秀人才支持计划"在荣誉上对前期的努力给予了肯定,同时也是后期激励自己的动力,学校把入选"新世纪优秀人才支持计划"作为培养人才的重要业绩指标之一,很多会议如年终总结、党委换届、总结报告、对外合作等都会提到,有时候会一个个念名字。对自己而言,这是一种肯定,同时也是一种激励自己更加努力的动力。LM 教授也认为,新世纪优秀人才是一个名头,学院在组织相关报告的时候,会提到这个人才项目。ZX 教授认为,"新世纪优秀人才支持计划"的鞭策作用是明显的。女性教师获得这个称号的人,毕竟是少数。很多同行都知道自己是新世纪优秀人才,参加学术会议或是做评论时,会比较重视自己的言行,这个荣誉无形之中会给自己约束和鞭策,有时想要懒散的时候,想想这份荣誉,就不能懈怠了。

YJ 教授说，人才对于学科和学院的发展是很重要的，其所在学院只有三个新世纪优秀人才，没有"长江学者""杰出青年"，其实迫切需要这些高层次人才。领导对她寄予了很高的期望。YJ 教授计划在"新世纪优秀人才支持计划"结束后冲击"杰出青年"，所以她还会继续努力。

二、高校在读女博士生发展现状

本次调研的预期目标想通过对优秀在读女博士生的深度访谈，了解这一群体所呈现出的生活状态、成长历程以及面对学业、事业、家庭时的复杂互动，了解在读女博士生作为女性高端后备人才在学习、工作和生活等方面的情况，以及在人才成长、职业发展等方面的心路历程，探究其工作家庭偏好的形成过程及女性高层次人才职业选择与发展的影响机制，并尝试厘清默会历程，探索隐性信念与价值，挖掘女博士生自我认同、内部发展等方面的特点，并对"第三种人"等社会标签进行检视与判断。访谈严格遵守学术伦理，维护个人权益，具体访谈对象的基本信息见表2-4。

表2-4　在读女博士生访谈对象的基本情况

基本信息	女博士生1	女博士生2	女博士生3	女博士生4	女博士生5	女博士生6
年龄	26 岁	26 岁	28 岁	27 岁	27 岁	36 岁
家乡	吉林省吉林市	吉林省公主岭	辽宁省大连市	辽宁省朝阳市建平县	辽宁省大连市	长春
年级	博二	博一	博三	博一	博二	博二
专业	企业管理	物理	应用数学	企业管理	企业管理	企业管理
研究方向	消费者行为	凝聚态物理	数学	市场营销	人力资源管理	人力资源管理

续表

基本信息	女博士生1	女博士生2	女博士生3	女博士生4	女博士生5	女博士生6
脱产与否	是	是	否	是	是	否
婚恋状况	未婚/恋爱	未婚/恋爱	未婚/恋爱	未婚/恋爱	单身	已婚/生子
访谈时间	3.5小时	3小时	1.5小时	4.5小时	3.5小时	3.5小时

此次对在读女博士生的深度访谈主要采用引导式和开放式问题,其中引导式问题是从访谈者角度出发,系指核心话题引导,而非观点、结论等暗示或期待;开放式问题是从受访者角度出发,系指受访者内容所涉的弹性范围。通过对吉林省内各高校6位在校女博士生(管理学专业4位、物理学1位、应用数学1位)进行的深度访谈,发现了一些有趣的现象和一些共同点:她们的个性都偏中性或男性,性别角色一般比较模糊,但传统的性别规范或多或少也会影响到她们的心态;喜欢看一些武侠小说,不太喜欢言情小说;家庭中都充满民主氛围和幸福感,父母都支持女儿的发展;在读博期间,学校、导师、父母、朋友、同学都会产生影响,但直接的影响大多来自导师,好的导师有助于其顺利完成博士学业;个人能力与人格特质会对个人的选择和职业生涯发展产生影响;博士的光环并没有对女性的幸福感指数产生影响。总体来看,女博士生的个人成长受内在和外在两方面因素的影响。内在因素,如个人努力、天赋、学习方法、人格特质等;外在因素,如家庭、社会网络以及社会传统文化等,这些因素促成了女博士生的个人成长与发展。总体来看,女性高层次人才的成功来自内在和外在两方面的因素,内在(刻苦+天分+方法+人格特质)+外在(家庭+社会网络+社会传统)=成功。通过访谈对女博士生的成长经历与特

征总结如下(见表2-5)。

表2-5　女博士生的成长经历与特征

经历与特征	内容
家庭生活	都有一个民主的家庭,而且与父母的互动比较自主与和谐;父母对儿女的发展都持支持态度;成长过程中的家庭都充满民主氛围和幸福感;对父母或公婆很孝敬,有责任心
学术生涯	很注重成绩和个人能力的锻炼,不仅成绩拔尖,而且都担任班干部,学习成绩与能力平行发展,在求学过程中,父母和老师的鼓励占据重要地位;对师生关系很满意,认为在个人成长过程中老师扮演了非常重要的角色;不管是因为勤奋,还是因为天分,或者是方法得当,都认为自身存在学术方面的优势,都注重学术的研究和论文的发表,将其视为高峰体验。读博决策时,父母、亲戚、男友、男友父母、男友亲戚、朋友等都会产生影响,其中以父母、男友、男友父母的影响最大;在读博期间,导师、同学、学校都会产生影响,但直接影响应该是来自导师,一个好的导师决定了一个顺畅的博士生涯
思维方式	多数属于偏中性或男性化的性格和思维方式;习惯于反思,善于总结
性别角色与认知	性别角色一般比较模糊,而且传统的性别规范或多或少会影响到她们的心态。倡导男女平等对待,认为男女不存在大的差异性;认为社会上对女博士生的形象评价比较负面,有些人不理解女博士生,并不否认"第三种人"的存在,但认为自己是女博士生中比较正常的
个人爱好	注重由内而外的美;喜欢阅读,喜爱看武侠小说,不喜欢言情小说
心理压力	还是存在一些很现实的问题,有可能会对男友或者感情生活中的人造成经济或者心理上的压力;都不是因为对学术狂热而读博,对博士论文感到压力很大,但都有信心完成论文
职业发展	对未来的不确定性都有担忧,但是心态很平和,都认为读博让自己的个人修养、思想境界和心胸有了很大的提升。总体来说,她们享受读博的过程。珍视自己的事业,不会为了自己的感情而有所改变

三、企业女性管理者职业发展现状

为了确保获取有价值的信息与第一手资料,更好地了解女性高层次人才的成长现状,选择与研究内容相关的企业女性管理者作为研究对象,采用深度访谈法,了解她们的职业发展现状。共访谈了10位在不同行业、不同类型企业工作的女性管理者。为了便于对访谈内容进行记录与整理,对受访者依次进行

了编号,受访对象的基本情况如表2-6所示(罗青兰,2014)①。

表2-6 企业女性管理者访谈对象基本情况

行业	人数	职务	工作年限(年)	地区	编号
汽车制造	2	技术部经理	15	长春	A
		采购部职员	12	吉林	B
汽车零部件加工	1	副总经理	15	长春	C
	1	人力资源部经理	21	长春	D
财务管理咨询	1	副总经理	18	吉林	E
电信通信	1	区域经理	19	长春	F
	1	个体经营者	13	白山	G
保险公司	1	销售部经理	16	长春	H
	1	基层管理者	5	通化	I
证券投资	1	基层管理者	7	长春	J

在前期理论探讨的基础上,提出了职场友谊、职业成功、组织支持感这样几个构念,通过与受访者细致入微的沟通与交流,在了解企业女性管理者的真实心理状态及职业发展现状基础上,也与她们探讨了对上述几个构念的理解与认知。根据访谈记录,企业女性管理者对个体的职业发展认知如下。

(一)职业成功对于女性很重要

受访者 B 女士认为,职业成功对于女性很重要,是个人社会价值与地位的体现,女性不应该仅以家庭为中心,照顾家人固

---

① 罗青兰:《企业女性管理者政治技能对职业成功的影响研究》,经济科学出版社2014年版,第71页。

然重要,但那不是生活的全部,女人要自强自立,兼顾好家庭与工作,努力工作回报社会,成为一个对社会有贡献的人。受访者J则认为职业成功对她来讲,可望不可即,需要自己付出相当大的努力与精力才能实现,而且她认为目前在职业中的成长对她来说最重要,金钱与地位对她的诱惑力不大,更希望得到培训与技能提高的机会。受访者D由于从事人力资源管理工作,对职业成功的认识体会较深,她认为职业成功是一个多维的概念,不同人有不同的理解与感知,与自己的内在需求密切相关,他人的认可、尊重,职业本身带来的荣誉感与工作家庭平衡对于她来说最重要。如年长的A对物质条件看得更平淡一些,她对职业成功的主观感受更强烈,而I则认为物质条件对她来说是必不可少的,赚钱能力是评价职业成功的标准之一。可见,年龄的差异与工作阅历影响企业女性管理者对职业成功的感知。

(二)职场友谊在女性职业成长过程中发挥着重要作用

受访者C认为自己的成长历程离不开职场友谊,她今天取得的成就与跟公司老板结下的深厚友谊分不开,现在公司很多财务、客户访问等方面重要的事项都交给她办,不仅是对她的认可,也是对她们之间友谊的一个见证。受访者H作为公司的销售部经理,对职场友谊这一概念也是相当认同,她列举了身边的实例说明与同事的职场友谊不仅增进了彼此的感情,而且提高了自己的工作满意度,与上级的职场友谊会使自己得到更多的赏识与信任,为自己赢得加薪与晋升的机会。访谈对象G和F都认为,良好的友情可以帮助自己更好地处理问题,更顺利地开展工作,在自己因病假或因事假缺席时,同事可以很好地帮助自

己分担工作,在休假回岗后,工作进行得会比较顺畅。受访者 B 认为普通同事的友谊对客观职业成功影响不大,但对中高层管理者而言,职场友谊可以帮助她们加薪与晋升。她列举了一个案例,"在公司召开的一次中层会议中,当时她所在部门的经理提出一个新方案,在没有最终确定是否执行时,这位经理的职场友谊发挥了重要作用,其他部门与该经理交好的领导者对这个方案都投了赞同票,并在后来执行与推广该方案时,得到了相关部门的大力配合,方案执行与贯彻得相当成功,最终得到公司高层的肯定与认可,该经理也在公司后来的表彰会上得到表扬与嘉奖,这位部门经理也感受了职场友谊带给她的职业成功"。受访者认为职场友谊对职业满意度影响更大,因为从事人力资源管理工作的缘故,当看到自己因为履行职责范围内的工作而帮助了别人,会觉得很有成就感,从而带来较高的职业满意度。受访者 C 认为职场友谊对工作家庭平衡会产生影响,如当在家里遇到不太愉快的事情时,会在单位找比较要好的朋友倾述,对工作家庭冲突有一定程度的缓解。

(三)女性的职业成长离不开组织的支持与鼓励

对于组织支持感,不同受访者感受不同。如受访者 E 认为组织支持感来自组织对于自己的关怀与投入,而受访者 J 认为组织支持感来自她的直接上级,主管领导对她的态度好坏直接影响她对组织支持的感知。如 J 在证券行业工作了 7 年,她非常认同自己所在的企业,也愿意留在这家企业工作,她说道,"我从一个刚毕业没有什么实践经验的新人到今天成长为业务骨干,离不开企业的培养,就像一个花朵的开放离不开现在这片热土,我非常荣幸能成为该企业的一员,在这里我体会到人情与友情的可贵,我愿意在这里努力工作奉献我的一切"。当时这段话给研究者留下了深刻的印象,她非常赞同组织支持感这一用词,认为组织支持感使她向成功大门迈进了一步。受访者A后来也曾说道,"如果拥有较强的人际影响力,还能感受到组织的支持与理解时,我的工作积极性会提高,更愿意投入精力努力工作,带领好我的下属共同提高部门的绩效"。

四、女性创业者职业发展现状

创业者也是女性高层次人才的代表群体之一,为此通过熟人推荐,采访了吉林省内几位女性创业者,从而了解吉林省女性创业者的职业发展现状(罗青兰等[①],2012)。

(一)女性创业比例在逐年增多,经营业绩较男性更佳

根据中国女企业家协会的调查数据显示,女企业家人数仅占企业家总数的 20%,但女性掌管的企业赢利比例比男性多7.8%,而亏损企业则少 13.1%。2006—2007 年女性创业比例为25%,2008—2009 年增长到了 27%,中国女性创业得分也高于GEM(全球创业观察报告)中参与城市的中值(见表 2-7)。吉林省女性创业虽然低于北、上、广等一线城市,但是女性创业得分仍略高于国内平均水平。通过访谈我们发现对于吉林省女性创业者,无论企业规模大小,其赢利水平一直较高。此外,我们发现女性创业者的数量偏少,增长比例相对缓慢,相比国外女性

---

① 罗青兰、孙乃纪、于桂兰:《社会网络视角下的女性创业研究》,《管理现代化》2012年第 5 期。

创业者比例还偏小,但不难看出女性创业在未来吉林省经济发展中将起到举足轻重的作用,这是一个值得我们关注的重点。

表2-7 吉林省女性创业得分对比

国家、省份及城市	女性创业得分
吉林	3.40
北京	3.58
上海	3.74
广州	3.57
中国	3.39
GEM中参与城市中值	3.32

(二)创办企业规模偏小,以女性雇员居多

根据对中国女企业家群体进行的跟踪调查发现,尽管女企业家经营的企业赢利状况较好,但不容忽视的是女性创业者经营的企业大多数是中小企业,而现在小企业的寿命越来越短,已经由过去平均3.5年降至现在的3年左右。在由女企业家经营的2900多万个实体中,个体经营占据很大部分,全国知名大企业并不多,还没有几家成熟的跨国公司,女企业家生产的产品直接或间接销售到国际市场的还不到1/3,只有3%的企业销售额在1000万美元以上。可见,吉林省女企业家的生存与发展空间亟待提高。在吉林省由女企业家执掌的企业中有50%以上都为女性雇员,主要是由女企业家所从事的行业特点决定的。

(三)进入的行业以零售贸易与服务业为主

美国学者的一项抽样调查显示,相比男性,女性更倾向于选

择进入服务类与零售行业,有大约55%的女性集中于服务行业,有17%的女性选择零售业。我国学者研究表明企业家在初创期行业进入选择时,会受到企业家背景、创业资本、企业家特质、企业家网络等因素的影响。众所周知零售业与服务行业是进入与退出壁垒相当低的行业,由于女性特有的心理特质,在承担风险面前更容易患得患失,加之女性在创业之前大多从事有关教育、零售、行政管理或秘书之类的岗位,创业融资半数以上是自有积蓄,创业信息大多来自周围的朋友与家庭成员,所以女性在进行创业行业选择时更偏向考虑进入她们所熟悉的零售与服务行业。

(四)女性创业者教育程度属于中等水平

人力资本影响着女性创办公司的年限、公司规模及其进入行业的选择。在我国因为受到"重男轻女"等传统观念的影响,对于经济条件有限的家庭多把教育投入优先给了家里的男孩,致使一些女性从小就失去了读书与成才的机会,从而导致她们在日后面临创业抉择时,因为缺少专业知识与技能而不得不选择放弃,或者因为技能的欠缺,选择进入那些技术含量相对较低的行业,企业的发展也难有大的作为。据统计我国女企业家中有58%具有大专以上文化程度,高出男性创业者4个百分点,40%具有中学程度。在对长春市的调查中发现大多数女性创业者的学历水平处于高中与本科之间。从女性进入行业与企业发展规模可以看出,吉林省女性创业者的教育程度处于中等水平。

五、女性科技工作者职业发展现状

为了更好地了解吉林省女性科技工作者的职业发展现状，并采用多阶段复合抽样方法进行问卷调查，调查对象为吉林省各企业、高校、研究院所以及政府部门研发机构中从事科技研发、科技管理的女性科技人员。发放问卷 300 份，回收问卷 240 份，有效问卷 228 份。其中，在被调查的女性科技工作者中，本科学历占比较高（占比 54.5%）；属于工科专业背景的较多（占比 50.5%），从事应用研究者居多（占比 56.2%）。

科技工作本身对创造性、投入度的要求以及女性对满意度等主观感受的重视都反映出职业心理酬赏和自身主观能动性的标准应被纳入女性科技工作者职业生涯发展水平的度量体系。因此，在现有理论基础上，本书提出女性科技工作者职业生涯发展测量指标应包含外显维度与内含维度两个方面。具体测量指标如表 2-8 所示。

表 2-8　吉林省女性科技工作者职业发展测量指标

维度	指标
外显维度	职称水平 职务水平 收入水平 竞争力水平
内含维度	工作满意度 发展需求度 工作投入度

以吉林省女性科技工作者职业生涯发展测量体系中的 7 个指标要素为聚类指标，对女性科技工作者不同年龄阶段进行聚类分析。结果获得有意义的 4 类，代表 4 个不同职业生涯发展

阶段(见表2-9)。从 F 检验的结果看,4 个阶段组别之间在所有指标上均达到显著水平(p < 0.05)。

表 2-9　吉林省女性科技工作者职业生涯发展阶段比较研究

维度	衡量指标	第Ⅰ阶段（30岁岁以下）	第Ⅱ阶段（31—50岁）	第Ⅲ阶段（51—55岁）	第Ⅳ阶段（56—60岁）	F 值
外显维度	职称水平	1.29	3.46	3.97	3.51	120.31***
	职务水平	1.14	1.52	3.10	1.02	14.12***
	收入水平	1.84	3.58	3.65	3.78	7.43***
	竞争力水平	3.56	4.17	3.96	3.03	4.00**
内含维度	工作满意度	17.54	17.56	17.21	15.40	3.77*
	发展需求度	4.45	4.32	3.60	4.27	13.28***
	工作投入度	4.35	4.13	4.25	4.44	3.54*

注:*、**、*** 分别表示 $p < 0.05$, $p < 0.01$, $p < 0.001$。

(一)女性科技工作者不同发展阶段的职业发展水平存在显著区别

通过 LSD 法对女性科技工作者在不同年龄阶段各项指标均数的多重比较,发现女性科技工作者各项衡量指标存在显著差异。30 岁及以下女性科技工作者职称水平上最低、51—55 岁女性科技工作者最高;56—60 岁女性科技工作者的职务水平最低,51—55 岁女性科技工作者职务水平最高;30 岁及以下女性科技工作者收入水平最低,50—60 岁女性科技工作者的收入水平最高;最具竞争力水平的是 31—50 岁女性科技工作者,竞争力水平最低的为 56—60 岁女性科技工作者;工作满意度最高的为 31—50 岁女性科技工作者,56—60 岁女性科技工作者工作

满意度最低;发展需求度最高的为 30 岁及以下女性科技工作者,最低的为 51—55 岁女性科技工作者;工作投入度最高的为 56—60 岁女性科技工作者,最低的为 31—50 岁女性科技工作者。

(二)不同生命周期女性科技工作者职业发展存在差异

通过访谈与调查发现,31—40 岁的女性科技工作者的工作投入度显著低于男性。因受教育年限较长,该阶段女性科技工作者往往要开始婚姻生活和承担生育义务,工作家庭冲突剧烈的阶段,其工作投入势必受到影响,但该阶段恰是男性提升职业发展力的重要时期。男女科技工作者该时期对工作的不同投入也进一步导致了两性在随后的职业生涯中收入水平、职务水平等外显维度的差距。如 31—40 岁阶段,女性科技工作者的职务水平显著低于男性;41—50 岁阶段,女性科技工作者的收入与职务水平均显著低于男性。

(三)退休政策引致女性科技工作者职业发展存在差异

51—55 岁阶段,女性科技工作者的工作家庭冲突虽趋于减弱,但发展需求度却显著低于男性。对部分女性科技工作者而言,该阶段已属退休准备期。与男性科技工作者相比,短暂的职业生涯导致女性科技工作者的发展需求比男性更早枯竭。此外,调查显示,56—60 岁阶段,女性科技工作者的收入和职称水平显著高于男性。这并不意味着该阶段女性科技工作者获得了比男性更有利的职业地位,反而从侧面反映了现行退休政策对女性科技工作者职业生涯的挤压。因为 56—60 岁阶段仍活跃于职场的女性科技工作者一般是根据退休政策因具有高职称而延长了退休年限的群体，与不受职称和级别限制均可于 60 岁退休的男性科技工作者相比，自然在职称和收入水平上有显著优势。

第三节　女性高层次人才培养现状

区域经济竞争，归根结底是人才尤其是高层次人才的竞争。随着科学技术的日新月异和经济形势的迅猛发展，促进地区经济发展、增强创新能力，女性高层次人才起到至关重要的作用。近年来，吉林省在女性高层次人才队伍的培养和引进方面做了许多工作，取得了一定成效，但还存在一些较为突出的问题。现针对部分吉林省知名企业、省属高校、科研院所、中小学校的女性高层次人才队伍培养情况做了一次广泛的、详细的调研，设计了"吉林省女性高层次人才培养现状"调查问卷一份，本次调研采用网络、E-mail、电话访谈的形式共走访调查了 4 个企业、5 个省属高校、3 个科研院所和 5 所中小学，共发放 500 份问卷，回收 460 份，有效问卷 424 份，有效问卷在总发放问卷中占比为 84.8%。调研结果如下。

一、重视女性高层次人才培养与选拔

在此次调研中，有近 90%的人都认为，女性高层次人才对本单位的发展作用是巨大的，而且本单位的发展离不开女性高层次人才的培养与引进。有近 85%的被调查者认为，本单位在

不同时期、不同岗位都制订了相关的女性高层次人才的培养计划。有98%的被调查者认为女性高层次人才是需要培养的。调研结果还表明,女性高层次人才的引进、培养、管理主要由所在单位负责组织与实施。通过对不同类型企业的中、高级管理人员的有效问卷调查,发现企业人才最认同"企业内部竞争上岗或民主选举"以及"公开招聘"的人才选拔方式,而企业最常采用的做法却是"企业内部提拔任命",这在一定程度上打击了女性高层次人才职业发展的积极性。企业会采用多种形式对女性高层次人才进行培养,其中短期的专项培训、实践锻炼以及出国学习更受欢迎。在管理方式上虽然不同类型企业做法各有不同,"晋升""加薪""股权激励""精神激励"等柔性与刚性的激励手段在不同类型的企业中都会有所体现,并且对企业管理人员满意度的影响差别不大。

二、女性高层次人才培养环境参差不齐

在调研中我们发现,科研院所机构中有80%的女性认为本单位能够为女性高层次人才提供很好的培养环境,有利于女性高层次人才的进步与提升。在高校的调研中发现,为女性高层次人才提供的培养环境参差不齐,有42%的人认为学校有很好的女性高层次人才培养的氛围,学校也为女性提供了多元化的培养方案,在提升学历和拓展学科领域都给予了很大的支持,但是有18%的人认为学校的人才培养氛围较差,个人无法得到很好的发展。在一些小企业中,由于经济等方面的原因,为女性高层次人才提供的培养环境相对较差,有65%的被调查者认为女性高层次人才培养氛围很差,相比较而言,具有一定规模的企业

则比较重视女性高层次人才培养环境的打造与建设,在规模以上的大中型企业中,有78%的人认为本单位能够为她们提供学习和晋升的空间,培养氛围较好(见图2-2)。

（单位：%）

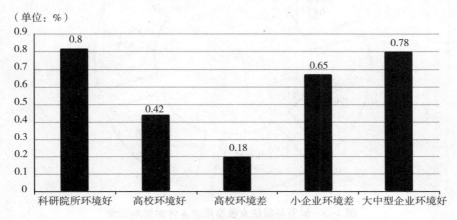

图2-2　女性高层次人才培养环境认知

三、留住和吸引女性高层次人才的难度较大

在调查中发现,工资待遇、住房待遇、工作环境、发展机会、子女随迁与就业就学、便利的生活条件、各类奖励是吸引与留住女性高层次人才的主要影响因素,其中工资待遇占比为85%、住房待遇占比为88%、工作环境占比为76%、发展机会占比为98%、子女随迁与就业就学占比为43%、便利的生活条件占比为68%、各类其他奖励占比为74%(见图2-3)。可见,个人发展机会、工资待遇、住房待遇是女性高层次人才最为看重的因素之一。

在调研中还发现,各类型组织非常想留住与吸引对本单位贡献较大的女性高层次人才,采用各种激励手段,如提供住房、配偶工作与孩子入学等优厚的待遇,但是"孔雀东南飞"的现象

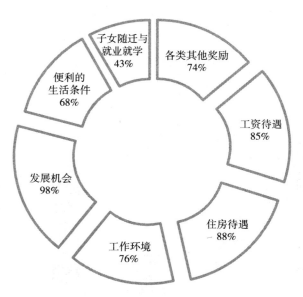

图 2-3 吸引与留住女性高层次人才的影响因素

还是时有发生。我们有针对性地对女性高层次人才进行了访谈,其中对奖励机制的满意度是影响女性高层次人才去或留的关键因素之一。通过问卷调查与访谈,我们发现受访者中有32%的女性高层次人才对奖励机制感到满意,有58%的女性高层次人才对奖励机制感到一般,有8%的女性高层次人才对奖励机制感到不太满意,有2%的女性高层次人才对奖励机制感到差(见图2-4)。虽然存在诸多因素影响女性高层次人才的去或留,依照公平理论,奖励力度与奖励的公平与否都会影响到组织能否留住女性高层次人才,考虑到吉林省的地域与经济发展情况,从全国来看,吉林省尚属于不发达的省份,在给人才提供的待遇方面还不具有较强的竞争力,加之是老工业基地,国有企业原有的激励机制还远不能满足女性高层次人才的需求,由此导致留住和吸引高层人才的难度较大。

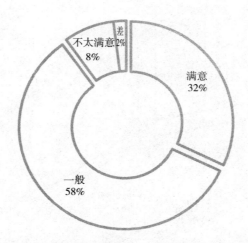

图 2-4 女性高层次人才对奖励机制的满意程度

四、对女性高层次人才培养制度认识不一致

通过调查发现,现有女性高层次人才的培养制度,主要围绕经费资助、培训进修、委以重任、创造优良的工作条件与环境、物质与精神的奖励、领导关心等几项,其中经费资助占比为 78%、培训进修占比为 96%、委以重任占比为 87%、物质与精神的奖励占比为 92%、领导关心占比为 66%(见图 2-5)。可以看出,培训进修所占比例最高,这一数据说明女性高层次人才有着强烈的自我实现需要,更希望在工作中有所发展与成长。

对女性高层次人才培养制度的调查发现,在被调查者中,有 49% 的人认为女性高层次人才培养制度较为先进,效果显著;但也有 38% 的人认为制度已经过时,另有 13% 的人认为制度不易操作或者没有落实。

五、高等教育在女性高层次人才培养方面存在差距

目前,吉林省内的高等院校虽然认识到高层次人才培养的

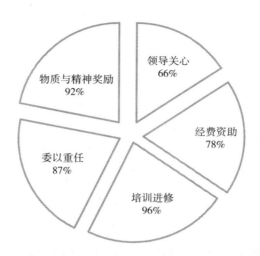

图 2-5　对女性高层次人才培养制度的认知

重要性,并在实际教学中大胆尝试,加强师资队伍建设,不断调整与修订人才培养方案,采用多种形式开展人才联合培养工作;但在教育理念、教育内容、教育方法、理论联系实际等方面仍然与发达国家存在或多或少的差距。中国科学院原院长路甬祥曾指出受多年应试教育制度与中国传统文化的影响,高校在人才培养方面一直过分地注重知识的灌输,忽视创新精神和科学方法的培养。美国西北理工大学校长史密朗博士也曾谈到,中国教育方法的优点在于培养了学生较强的逻辑思维能力,但是在培养创新性与解决问题方面仍存在不足。高校人才培养与社会需求的无缝对接仍是当前高校教育改革亟待解决的问题之一。

　　通过对吉林省女性高层次人才的走访调查与现状分析,不难发现吉林省科研院所、中小学、高校以及企业的女性高层次人才在数量、质量、结构以及培养等几个方面都存在或多或少的问题,这些问题将直接阻碍女性高层次人才的成长与职业发展。

第四节　女性高层次人才成长困境

一、用人观念陈旧

各种类型的组织机构对女性高层次人才的使用缺乏科学的认识，没有意识到组织的内部环境已发生了巨大变化，女性高层次人才的需求与价值取向也早已不同。因而没有摸索出一套适合女性高层次人才特点的使用、管理与激励的办法，仍没有跳出计划经济体制下国家干部管理的旧框架，仍采用过去党政干部的管理模式来管理高层次管理人才和技术人才，"见物不见人、重物不重人"的旧观念、"论资排辈、重学历资历，不重能力业绩"的旧传统、"由少数人选人"和"在少数人中选人"的旧习惯、"分配机制中的大锅饭、平均主义、形式主义"和"枪打出头鸟"的不良用人风气、"求全责备"的用人标准等过时的用人观念、用人制度和管理方式还没有改革到位，在企业还不同程度存在。职称评定仍沿用指标限制、资格评审的方式，重学历和资历，轻能力和贡献；重论文数量，轻工作实绩；个人自主申报、社会综合评价的社会化职称评审考核体系尚未建立。在这种制度下，管理功能远重于开发功能，不重视女性高层次人才的优化配置、合理使用、有效激励，考核方法单一，从而导致女性高层次人才数量短缺、配置不当、使用不佳、流失严重。

另外，各种类型的组织机构在管理过程中官本位思想严重，重视经营管理人才，轻视专业技术人才。对于业绩表现优秀的专业技术人才，不管是否胜任，直接提拔到管理岗位作为对个人

业绩的奖励,使她们很难在技术上再有所作为,这在无形中阻碍了高层次技术人才的成长。还有相当一部分管理者仍抱着"三条腿的蛤蟆难找,两条腿的人到处都是"的落后观念来管理人才。不了解女性高层次人才的真正需求与价值取向,导致她们的企业归属感、组织承诺低,一旦寻求到实现自身价值和潜能的机会,她们会选择离开企业。

二、女性高层次人才成长环境欠佳

首先,女性高层次人才成长的政策、法律环境欠佳。国家的政策环境建设滞后,一些相关政策有待突破。与发达国家相比,一方面,我们的综合国力、社会经济、科技发展水平还存在很大差距,在引进海外人才方面处于不利地位;另一方面,我们在政策环境上还存在许多薄弱环节,已严重影响人才引进工作的顺利开展。如法制建设滞后,关于人才引进、流动争议处理和出入境、居留等方面,还没有形成配套的政策法规,甚至出现政出多门不相一致的问题。再如,已取得外国国籍的留学归国人员恢复干部身份、办理户口,实验室进口仪器申报入关手续问题;留学人员在国外所生子女落户、入学,配偶就业问题;住房、医疗、保险等社会保障问题;留学归国人员的提拔任用、薪酬、风险投资创业环境等政策问题;都有待进一步研究,提出切实可行的解决措施。国内人才流动中的户籍壁垒问题,外地人才购买经济适用房、子女上学的权益问题,省际之间社会保险的积存、衔接和转移问题,办理因公出国政审手续问题等都缺乏统一的配套政策。从人才的成长规律来看,真正的人才要敢于面对激烈的市场竞争,并能通过出色的表现脱颖而出。而目前吉林省女性高层次人才流动市场还没有建立起来,促进女性高层次人才创新、创业的法律环境还不成熟,在引进外籍人才与学成归国的留学人员方面,缺少相应的政策法规等配套措施。这也是吉林省企业缺乏高级经营管理人才的主要原因。

其次,有利于女性高层次人才成长的软硬件环境建设不到位,对女性高层次人才的吸引还缺乏一个统一、规范的管理服务体制。改革开放以来,特别是近几年来,吉林省出台了一系列聘请海外专家和吸引海外高层次留学人员到国内服务或工作的政策,并取得了一定的成效;但实际工作中,基本上是有关部门、地方、企业各自为政,国家层面上还没有一个统一进行宏观规划、牵头组织、综合协调的部门,还没建立起科学、规范的人才管理体制,对人才吸引的动力机制、流动机制、激励机制、保障机制、考评机制及调控机制都缺乏统一的整体协调。吉林省一些企业女性高层次人才在创新、科学研究的过程中缺少必要的支撑条件,使工作很难进行下去,导致相当一部分人流入高校与科研院所。造成企业女性高层次人才比例与发达国家的比例相差悬殊。

三、女性高层次人才的管理体制不健全

首先,女性高层次人才培养管理体制不畅,多流于形式。由于管理观念落后,组织缺少针对女性高层次人才的管理制度,存在职能交叉、政出多门、管理方式落后的问题。培养女性高层次人才的主体没有明确界定,社会职责不清。主要表现为女性高层次人才的培养谁都管、谁都不管,多流于形式。在薪酬待遇与激励政策上没有充分考虑女性高层次人才的内在需要,没有体

现出绩效贡献优先的收入分配原则,薪酬与激励机制单方面地向职位高的人员倾斜,形式单一,缺少灵活性,女性高层次人才知识参与分配的机制还没有在实践中得到较好的运用,这在一定程度上扼杀了高层次专业技术人才钻研科学技术的积极性。培养女性高层次人才的主体没有明确界定,社会职责不清。在人才评价方面,还沿用过去职称评定、资格评审的相关指标,重学历、轻能力,重数量、轻质量,全方面、综合的女性高层次人才评价指标体系尚未建立起来。在内部女性高层次人才培养上,培养方案保守过时现象较为普遍,培训内容陈旧,培训模式单一,削弱了技术能手创新能力的培养。在人才选拔方面,内部公平的竞争机制尚未形成,人才的选拔还没有打破地域、制度、身份的限制,任人"唯亲、唯私"的不正之风还时有发生。在人才配置与使用方面,重管理轻开发,重使用轻培养的现象也较为普遍。由此导致目前很难出现女性高层次人才辈出的局面。

其次,缺少比较好的培养高层次经营管理人才的法律环境。《国家中长期人才发展规划纲要(2010—2020年)》明确指出:以提高现代经营管理水平和企业国际竞争力为核心,以战略企业家和职业经理人为重点加快推进企业经营管理人才职业化、市场化、专业化和国际化,培养再造就一大批具有全球战略眼光,市场开拓精神管理新能力和社会责任感的优秀企业家和一支高水平的企业经营管理人才队伍。培养和造就一批优秀企业家是一项涉及经济体制、政治组织制度和教育体制改革的系统工程。从企业家的成长过程看,真正的企业家只能通过职业经理人市场的激烈竞争,并在成功运作企业的过程中产生。我国的职业经理人市场现在还没有真正建立起来,缺少企业家流动、薪酬、管理等相应的政策法规,适应企业家成长的环境还不具备,这也是吉林省企业缺乏高级经营管理人才的主要原因。

最后,女性高层次人才的培养管理制度不够完善。目前,多数国有企业对高层次经营管理人才的培养仍沿用计划经济时期培养党政领导干部的模式。一方面是培训内容、培训方法上比较单一,对经理们进行的领导课程的学习看不到效果。因为当这些经理们结束学习返回工作时,早已把学的东西又还给书本了。另一方面,轮岗锻炼多是单位之间的业务纵向交流,单位内部业务横向交流较少,使企业经营管理人才的能力难以拓展。从用人单位整体看,对于专业技术学科带头人的培养与经营管理人才的培养投入相比更差一些,培养制度不完备,有的用人单位根本没有制定女性高层次人才的培养管理制度。

四、女性高层次人才培养主体职能不清,资金投入不足

作为女性高层次人才培养与培训的主体,无论是学校、企业,还是政府都存在或多或少的问题。政府在女性高层次人才培养方面,由于没有女性高层次人才培养的专业组织体系和相对配套的政策措施,缺少对女性高层次人才培训计划的合理有效安排与监督,由此导致培训计划缺乏系统性、连续性、专业性,很难保证培养的女性高层次人才满足用人单位的实际需要。高等教育是培养女性高层次人才的摇篮,担负着培养高素质创新型人才的历史使命。我国的高等教育,由于长期受计划经济的影响,形成了一套过窄、过专、过深的专业课程体系,建立了单一的过分强化专业教育、要求培养各种专家的人才培养模式。这种人才培养模式,在我国生产力比较落后,各行各业急需各种专

业人才的背景下,发挥了积极的作用。但随着我国社会主义市场经济体制的建立和经济、科技的迅速发展,传统的人才培养模式逐渐暴露出它的弊端,专业课程体系过于强化专业教育,培养的人才缺少实践技能与创新能力,教育培训机构的培训内容满足不了用人单位的实际需要,理论与实践相脱节,培养模式落后陈旧,缺少灵活性、针对性,培训形式单一,缺少创新性,培养出来的学生知识面较窄,文化素质有明显缺陷,培养的人才还不能成为企业的女性高层次人才,由此造成广泛适应性和创新能力差,造成精通多学科知识的复合型、创新型和开拓型女性高层次人才严重短缺的现象。近年来,我国在教育体制改革方面取得了明显效果,但仍然不能满足社会主义市场经济发展尤其是企业发展的需求。在更新教育思想观念的基础上,改革高校的人才培养模式,构建新型人才培养模式势在必行。而为用人单位发挥重要作用的女性高层次人才,如企业家、职业经理人、高级技术人员由于其自身的社会属性,也不应该由用人单位承担全部培养责任。

我国在女性高层次人才培养上,教育培训费用投入明显不足。按照国家相关规定,企业用于教育培训的投入不得小于工资总额的 1.5%,与国外企业每年投入员工培训教育的经费不少于工资总额的 3% 相比,有相当一部分用人单位对员工的教育培训投入严重不足。在访谈中我们发现,的确有一部分用人单位存在经费短缺的问题,但有些用人单位不是缺少培训经费,而是将员工的培训教育经费挪作他用,通过了解得知用人单位的管理者存在对女性高层次人才培训不够重视或畏惧心理,担心"煮熟的鸭子"飞了,或"跳槽"到其他企业或事业单位去,自已投入的培训经费无法回收,由此导致企业很难留住与吸引女性高层次人才,并造成精通多学科知识的复合型、创新型、具有广泛适应性的女性高层次人才短缺现象严重。

五、市场机制不健全,女性高层次人才流动不畅

首先,引进海外人才和吸引留学人员的渠道不够畅通。政府在引进人才上的主导地位没能很好地发挥,对海外人才和留学生的信息情况缺乏整体的了解,掌握的信息零散、分散、功能单一,还没有建立起统一、规范、有效、实用的资源共享的国际人才的信息网络,对人才的引进起不到整体规模效应。企业自身了解国外人才和留学人员情况的途径也不多,渠道比较少,不能从整体层面上掌握和了解情况,尤其对一些留学人员的素质、能力、水平、业绩等缺乏翔实全面的了解和科学的评价,导致引进工作的盲目性。这些人才吸引方面政策环境的不健全,限制了女性高层次人才的引进和交流。

其次,由于女性高层次人才的流失会给企业造成严重的负面影响,拥有女性高层次人才的组织通常会与其签订竞业禁止协议,以防其带走单位的相关专利成果或技术诀窍等,这在一定程度上限制了其在产业之间、部门之间、行业之间、地区之间的合理流动。女性高层次人才的流动现在仍以组织配置为主,人才跨岗位、跨部门、跨企业、跨地区的岗位交流尚未形成。由于人才市场信息化建设不到位,女性高层次人才的个人信息没有实现有效流动,加之一些不规范的人才中介与猎头组织,增加了女性高层次人才流动的隐蔽性,给组织的用人安全带来隐患。

六、女性高层次人才职业发展通道受阻

女性高层次人才的职业发展双阶梯设计不合理、待遇不平等,专业与管理阶梯在组织中没能得到相同的地位与报酬,在组织中高级专业技术阶梯无法与同等管理阶梯相对应,有的还赶不上低级的管理阶梯,这在一定程度上降低了高层次专业技术人员钻研科学技术的积极性。管理阶梯通常作为对那些在技术上表现卓越人员的奖励,对于那些业务能力强、技术好,但对管理缺乏兴趣的技术专家来说,由于缺少相应的管理技能,在工作中很难打开局面。对于缺少相应的管理技能的女性高层次人才而言,由于不熟悉管理岗位,或从技术领域的狭隘角度看问题,这导致她们有时缺乏把握全局的战略眼光,在工作中很难打开局面,无法发挥个人的才能,技能也难免荒废。同时,很多高级技术人才希望在专业领域内继续发展,对管理缺乏兴趣。对组织来说可能是一个出色的专家换来了一个蹩脚的管理者,不仅导致组织管理混乱,恐怕又失去一位难得的技术人才。此外,技术阶梯却成为某些错过管理职位人员的安慰,无形中挤占了培养技术人才成长的职业阶梯,使女性高层次人才成长受阻。在访谈中发现这样一个事情:小张是某化工集团下属工厂的技术骨干,由于其出色的技术能力,成了总经理心中厂长的最佳人选。小张担任厂长以来,员工怨言百出,组织管理混乱,产品销售滑坡,工人怠工现象严重,而小张对技术依然情有独钟。厂里出现技术疑难问题,他会乐此不疲地去解决,总经理这时陷入两难境地:让小张继续担任厂长,工人意见很大;将其调离,恐怕又失去一位难得的技术人才。

第三章 女性高层次人才职业
成功影响因素分析

通过前面的调研与访谈,女性高层次人才职业成功受多种因素的影响,在对女性新世纪人才、女博士生、女性管理者、女性科技工作者、女性创业者的访谈过程中发现,人力资本、组织支持、关系资本是影响女性高层次人才职业成功的重要因素之一。

第一节 理论框架与研究假设

一、问题的提出

在不同文化背景下,人们对社会科学研究中的相关概念、理论框架与模型的建立会有不同的理解,任何脱离现实的理论探讨与研究都经不起后人的推敲与论证。前文中提到的人力资本、职业成功等概念都是在西方文化背景下提出来的,在西方组织中得到了检验与验证。但国内学者的相关研究起步较晚,理论研究成果还不够丰厚,其文化的普适性还有待检验。

通过文献回顾,在现有的研究中,人力资本、组织支持、关系

资本与职业成功构念及其相互关系仍存在一定的不足与有待挖掘的空间。在中国文化背景下，人力资本、组织支持、关系资本对职场女性，尤其是女性高层次人才非常重要，是其获得职业成功必不可少的因素之一，但其在女性高层次人才成长过程中发挥何种作用仍是值得探讨的问题。现有学者对职业成功的概念已经达成共识（Seibert 等，1999），认为对职业成功的评价存在客观与主观两个标准（Hunt，1986），但是有研究表明，由于女性与男性在个性特征与价值观方面存在不同，其对职业成功的评价标准存在差异（Weick，1996）。职场女性因为要面对工作与家庭的双重压力，必然会感受到工作家庭冲突，如何平衡二者之间的关系不仅是企业女性管理者必须要面对的问题，也是评价职场女性获得职业成功的关键因素之一。在国内现有的研究中，将工作家庭平衡纳入职业成功主观评价标准的研究还相当有限，是否将其纳入企业女性管理者职业成功评价指标中仍是值得探讨的问题。

针对现有研究中存在的不足与差距，本部分关注的主要研究问题是人力资本、组织支持、关系资本对女性高层次人才职业成功的影响。对于在职场中打拼的女性而言，在兼顾家庭与工作的同时，人力资本、组织支持、关系资本对职业成功产生的影响以及对职业成功的作用过程与机理都是值得研究的问题。

二、理论框架

综合现有关于人力资本、组织支持、关系资本与职业成功的相关研究，本书提出了如图 3-1 所示的研究框架。总体而言，女性高层次人才人力资本、组织支持与关系资本对个体的主、客观职业成功会产生影响。根据文献综述与访谈研究得出的支持性证据与结论,进一步验证了人力资本、组织支持与关系资本对女性高层次人才职业成功的影响。为此,本书以人力资本、组织支持与关系资本为自变量,职业成功作为因变量,建立了理论模型。在此框架中,人力资本、组织支持与关系资本对女性高层次人才职业成功会产生直接影响。

　　由于该理论框架图是在参考与借鉴西方相关理论研究的基础上提出来的,国内虽有少数研究结论可以借鉴,但还没有通过相关的实证研究加以证实。笔者认为,本书框架有必要在中国情境下,以女性高层次人才为样本,通过深入细致的实地访谈与现场观察,确认该模型存在的有效性与合理性,并通过深入访谈修正、整理得出最终的理论框架。

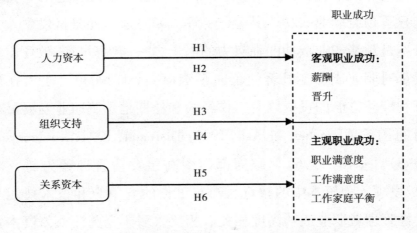

图 3-1　女性高层次人才职业成功影响因素研究模型

三、研究假设

(一)人力资本与职业成功

20世纪90年代至今,学者们主要是从"智力""受教育程度""工作经验""职业变更""任职期限""培训状况"等方面来测量个人的人力资本。人力资本理论指出,凝结在雇员身上的教育水平、专业知识与经验能提高其对雇主的价值(Becker,1964)。相关学者研究发现,高学历与薪酬、晋升显著相关(Jaskolka等,1985;Whitely、Dougherty和Dreher,1991),教育程度影响个体客观职业成功。很多研究都发现,人力资本各变量与职业成功之间存在显著的正相关关系(Sandy,1990),它们解释了员工薪酬的变化与得到晋升的主要原因。韦恩等(1999)以美国生产化学药品、机械设备等大型企业的1413名员工为对象,经实证检验证明了人力资本中组织任期和培训这两个变量能显著预测职业成功。吴等(Ng等,2005)通过元分析发现人力资本是预测职业成功的强有力的因子之一,教育水平、教育质量等都对职业成功有显著的正向影响(Gerard,2003)。个人在教育和经验方面的投资以及工作经验和任期是预测职业发展最有力的因素(Drecher和Ash,1990;Tharenou,1994;Kirchmeyer,1998)。基顿(1996)以政府部门中高层女性管理者为研究对象,发现人力资本中的教育、智力、工作的竞争力和技术技能与女性管理者职业成功高度相关。相比大多研究关注人力资本要素与职业成功的简单关系,吴和费尔德曼(2010)对人力资本对职业成功影响的中介机制做了探索,他们发现人力资本中的教育水平、工作投入、工作经验和工作时间可以有效提升个体的认

知能力和责任心，从而正向影响客观职业成功。郭文臣等
（2014）研究发现，人力资本高的个体往往具备较强的竞争优
势，在组织中通过增强自身人力资本进而更好地实现个人与组
织的契合，而个人组织的契合则为个体职业发展奠定了基础，使
个体在为组织作出贡献的同时实现自身的职业成功。周文霞等
（2015）研究发现，职业生涯阶段和职业类型是人力资本影响职
业成功的调节变量。在职业生涯早期阶段，个体的人力资本对
职业成功的预测力更强，人力资本对技术型职业的从业者具有
更强的预测作用。刘芳与吴欢伟[①]（2010）对人力资本与职业生
涯成功的相关分析结果也表明，显性人力资本、隐性人力资本与
职业成功的各个维度（薪水、升迁、职业满意度）都有显著的正
相关关系，而其中隐性人力资本的作用更显著。

　　上述理论阐述与实践研究充分证明了人力资本与职业成功
之间存在关系，人力资本对职业成功会产生一定程度的影响，具
有积极的作用。基于前人的研究成果和深度访谈的结果，本书
对女性高层次人才人力资本与职业成功提出如下假设。

　　H1：人力资本对女性高层次人才客观职业成功具有正向
影响。

　　H1a：人力资本对女性高层次人才薪酬具有显著正向影响。

　　H1b：人力资本对女性高层次人才晋升具有显著正向影响。

　　H2：人力资本对女性高层次人才主观职业成功具有正向
影响。

　　H2a：人力资本对女性高层次人才职业满意度具有显著正

---

① 刘芳、吴欢伟：《个人人力资本、社会资本与职业成功的作用关系研究》，《中国科技论坛》2010年第10期。

向影响。

H2b:人力资本对女性高层次人才工作满意度具有显著正向影响。

H2c:人力资本对女性高层次人才工作家庭平衡具有显著正向影响。

(二)组织支持与职业成功

组织支持对员工组织行为的影响主要从心理和情感两个方面发挥作用,如对组织承诺、工作绩效、工作压力、工作满意度和离职倾向等结果变量产生影响。有学者研究发现,组织支持与组织承诺正相关,当分别从情感承诺和权衡承诺两个方面分析组织支持产生的作用时,发现具有高组织支持可以增加员工对组织的情感承诺(Allen,2003),而较低的组织支持却带来了较高的权衡承诺。斯廷格汉伯和范登伯格(2003)也认为,组织支持会让员工产生一种回报组织的责任感、认同感、归属感和使命感,当组织满足员工的社会情感需要时,会增加其情感承诺(Eisenberger 等,1986)。我国学者的实证研究也表明,组织支持对员工的情感承诺和利他行为具有积极影响(凌文轮、杨海军和方俐洛,2006)。

克里默等(2001)以涉外员工为研究对象,通过与领导—成员交换、配偶支持相比较,发现组织支持加快了涉外员工对环境的适应,进而提高了员工的任务绩效和关系绩效。庄等(2001)对生产人员的研究表明,具有较高组织支持的员工对看板管理(JIT)持有更积极的态度,工作绩效得到了明显的提高。贝尔等(2002)以销售人员为研究样本,发现员工的组织支持越高,其顾客评价值得分越高,组织支持与顾客服务质量成正比。乔治和布里夫(1992)认为,组织支持对员工关系绩效的影响要强于任务绩效,原因在于任务绩效还会受到个人能力、工作设计等因素的影响。艾森伯格(2001)的元分析也表明,组织支持与角色外绩效存在中等大小的相关关系,对组织公民行为有良好的预测性。另外值得注意的是,在这些研究中,组织承诺、组织认同、工作满意度等因素在组织支持影响工作绩效的过程中发挥中介作用。

韦恩等(2003)研究证实组织支持正向影响工作满意度,组织对员工工作上的支持会提升工作满意度(Cropanzano 等,1997;Nye 和 Witt,1993)。艾森伯格等(1997)也发现,企业员工的组织支持与工作满意度存在正相关关系。罗兹与艾森伯格(2002)通过元分析,证实组织支持与工作满意度的平均加权相关系数(average weighted correlation)为 0.59(p<0.001)。谭小宏等(2007)通过对回收的 611 份有效问卷进行统计分析,发现在中国特定文化背景下,组织支持会对员工工作满意度产生显著影响。

根据互惠原则,人们愿意回报那些给予自己帮助与恩惠的人。对于得到组织奖励与报酬的员工,也希望通过自己的努力工作和奉献回报组织,在这一过程中员工会产生强烈的使命感与责任感,并为自己能够成为组织中的一员感到荣幸,职业流动的意愿与离职行为会显著降低(Eisenberger 等,1990;Wayne 等,1997)。艾伦等(2003)也发现,较高的组织支持能减少员工的离职意愿与行为,其中工作满意度和组织承诺起到了中介作用。

从 20 世纪 90 年代开始,组织支持对工作压力和工作倦怠

的影响进入了学者们的研究视野。乔治(1993)发现,当员工感知到较高工作压力时,组织给予的各种支持会减少他们心理上的紧张与不安,减少消极怠工与缺勤等不良行为的发生。弗利和刘等①(Foley 和 Liu 等,2005)还发现组织支持可以有效缓解由于工作压力导致的工作家庭冲突,较高的组织支持会降低工作家庭冲突的负作用。

基于前人的研究成果和深度访谈的结果,本书对女性高层次人才组织支持与职业成功提出如下假设。

H3:组织支持对女性高层次人才客观职业成功具有正向影响。

H3a:组织支持对女性高层次人才薪酬具有显著正向影响。

H3b:组织支持对女性高层次人才晋升具有显著正向影响。

H4:组织支持对女性高层次人才主观职业成功具有正向影响。

H4a:组织支持对女性高层次人才职业满意度具有显著正向影响。

H4b:组织支持对女性高层次人才工作满意度具有显著正向影响。

H4c:组织支持对女性高层次人才工作家庭平衡具有显著正向影响。

(三)关系资本与职业成功

关系的创造也是一种生产性活动。关系资本通过关系的创

---

① Foley S., Ngo H.Y., Liu S.,"The Effects of Work Stressors, Perceived Organizational, Support, and Gender on Work-family Conflict in Hong Kong", *Journal of Asia Pacific Management*, Vol. 22, 2005, pp. 237-256.

造和利用而带来资产(Nahapiet 和 Ghoshal,1998)。这些资产使关系成为实现个人和集体目标的资源(Kale 等,2000)。从近年的研究文献来看,对关系资本功能研究呈现的趋势是:研究范围从宏观走向微观领域,更多地进行特定组织的关系资本。关系资本在联盟中具有重要的作用。坎特(Kanter,1994)发现,信任是联盟成功的关键因素。古拉蒂和加尔朱洛(1999)论证了在两个组织之间建立关系资本将为这两个组织更好地了解合作伙伴的竞争力和可靠性提供一个有效的渠道。从这个角度看,关系资本在创造和建立更大的联盟网络中发挥着重要的作用,它增加了合作伙伴在未来结盟的概率,帮助企业建立与合作方之间紧密的关系。黄俊等(2011)从社会资本的视角研究市场导向对新兴经济体的共生营销联盟稳定性所起的作用。结果表明,共生营销联盟企业的市场定位对社会资本的建立有积极作用;反过来,社会资本对于共生营销联盟的稳定也起到积极作用。此外,社会资本对于合作伙伴之间的资源共享有促进作用,而合作伙伴之间的资源共享对联盟稳定性也产生积极影响。宝贡敏和王庆喜(2004)提出,通过联盟而形成的关系资本能够为联盟企业带来其他企业无法复制和模仿的竞争优势,是创造关系性租金的核心要素。董雅丽和薛磊(2009)认为,关系资本作为战略联盟成功的关键因素是实现联盟潜在价值向现实价值转化的重要途径。

关系资本对其他类型的企业组织也起到积极作用。罗(Luo,2002)指出,如果没有相互信任的合作,不可能有效地管理合资企业,关系资本对合资企业的业绩具有正面作用。罗伊(2005)采用 44 个国家 113 个合资企业作为研究样本进行实证

研究,得出研究结论——关系资本对合资企业的业绩具有重大影响。保罗等（Paul 等,2006）认为,供应链关系资本可以使得合作伙伴实现更简洁准确的信息共享,进行反应灵敏的技术援助,从而提高工作效率,降低供应链成本,使供应链具有更大的灵活性。佐尔诺扎·安娜等（2009）指出,关系资本在虚拟团队的有效组建及成功运营方面起着重要的作用。从上述学者的研究可以看出,关系资本本身存在且产生于关系网络中,这种现实和潜在的关系资源与物质资本和人力资本共同作用并为组织带来价值,同时可以促进经济的增长。但是,也要看到关系资本理论还有很多需要完善之处,罗伯塔和亚历桑德拉（2005）指出,关系资本在不同的地区、部门和不同的组织背景下发挥不同的作用,在不同国家、地区的不同文化背景下关系资本可能具有不同的形式和表现程度。因此,需深入研究当代西方的关系资本理论及应用,重视中国本土研究中得出的结论对关系资本理论的补充,从中国的特定经济背景和文化背景出发,形成关系资本完整的理论框架。

关系资本理论研究的是企业与其他利益相关者之间的经济关系,它是在网络经济时代资本理论的基础上延伸出来的,主要是关系资本主体通过与其他利益相关者之间的关系进行交易以获得增值（Kanter,1994）。关系资本是建立在人与人、人与企业之间的关系网络,对于个人而言,他所拥有的关系资本的数量将会直接影响到员工的工作结果,从而对员工绩效产生不同程度的影响（De Clercq 和 Sapienza,2006）。个人拥有的关系资本优势越多,他潜在的客户群就越多;个人拥有的关系资本越稳固,他完成工作任务的质量就越高,绩效增加的机会就越多（Huan

Jun,2011），绩效是影响个人晋升与薪酬的主要因素。

卡伦等（Cullen 等,2000）认为,信任和承诺是关系资本组成的重要要素,杨雅拉和威尔斯玛（Young Yharra 和 Wiersema,1999）研究发现,信任能有效地降低谈判成本和减少成员之间冲突。当团队成员互相信任时,他们分享更多的信息并且享有信息安全（Talaulicar、Grundei 和 Werder,2005）,有助于团队更好地决策（Mc Evily、Perrone 和 Zaheer,2003）,获得成功。佐尔诺扎·安娜（2009）等研究发现,当虚拟团队的效率较高时,信任能够提高虚拟团队组建的满意度和凝聚力。承诺是关系资本的第二重要组成部分,当合作双方都达到其目标时,承诺就会增强。承诺的感性部分也叫态度承诺（Attitudinal Commitment）。德克莱尔克（2006）认为,态度承诺意味着合作方对于合作关系有着高度的心理认同,愿意关心和培育这种关系并为之作出重要的贡献,并且态度承诺保证合作方之间良好的沟通,并愿意为了保持良好的关系而降低机会主义行为的可能性。

上述理论阐述与实践研究充分证明了关系资本与职业成功之间存在关系,关系资本对职业成功会产生一定程度的影响,具有积极的作用。基于前人的研究成果和深度访谈的结果,本书对关系资本与职业成功提出如下假设。

H5:关系资本对女性高层次人才客观职业成功具有正向影响。

H5a:关系资本对女性高层次人才薪酬具有显著正向影响。

H5b:关系资本对女性高层次人才晋升具有显著正向影响。

H6:关系资本对女性高层次人才主观职业成功具有正向影响。

H6a:关系资本对女性高层次人才职业满意度具有显著正

向影响。

H6b:关系资本对女性高层次人才工作满意度具有显著正向影响。

H6c:关系资本对女性高层次人才工作家庭平衡具有显著正向影响。

第二节　量表选取及其信效度分析

一、研究方法

问卷调研法是一种以书面形式来了解被调查对象的反应与看法,并以此获得相关资料和信息的调研方式,是进行学术研究必不可少的工具之一。问卷通常由若干个具体题项或问题组成,被调查对象以邮寄方式、当面作答或者追踪访问的形式填写问卷。

(一)调研问卷的设计

调研问卷主要包括两个部分:第一部分是对员工的人口统计学特征进行调查,如员工的年龄、工作年限、婚姻状况、所在企业的类型等,其目的是了解被调查者的基本情况与背景资料,为控制变量的选取做好准备,保证回归分析数据的真实以及研究的有效性;第二部分是对研究中所涉及的主要构念进行测量,目的是获得与研究相关的数据,从而验证理论模型与研究假设是否成立。调研问卷采用李克特五点量表(Likert-type Scale)进行测量,其中1代表"完全不符合",2代表"比较不符合",3代表"说不准",4代表"比较符合",5代表"完全符合"(见表3-1)。

表 3-1　李克特五点量表

完全不符合	比较不符合	说不准	比较符合	完全符合
1	2	3	4	5

问卷具体由六个部分组成,主要内容如下。

第一部分是卷首语。主要内容包括本次调研的目的、意义和主要内容,对被调查者的要求和希望,填写问卷的说明,回复问卷的方式和时间,调研的匿名和保密原则以及调研者的名称等。

第二部分是调查受访者的基本情况与背景资料。主要包括被调查者的年龄、工作年限、学历、职位、所在企业的性质与规模、所在部门、所从事的岗位以及所在企业人数等。

第三部分到第六部分是对理论模型中所涉及的构念进行测量,主要包括职业成功、人力资本、组织支持、关系资本。其中职业成功从主客观两个方面进行测量。客观方面包括薪酬与晋升两个维度,主观方面包括职业满意度、工作满意度、工作家庭平衡三个维度;人力资本、组织支持与关系资本都是通过单一维度进行测量。

(二)调研对象的选择

本书主要探讨人力资本、组织支持、关系资本与职业成功之间的理论关系,这三个构念在建立之初,针对的是职场工作人员。为此,本书将研究对象初步锁定为在组织中工作的职场人士。已有研究表明,在组织这个政治竞技场内,关系资本对管理者尤为重要。同时,相比男性,职场女性不仅要外出工作,还要承担起照顾家人的责任,如何在职场中获得成功、在工作家庭之

间达到平衡是一个非常值得研究的问题。因此,本书将研究对象最终锁定为女性高层次人才群体,不限定她们所在的行业、企业及部门,从中发现影响女性高层次人才职业成功的关键因素,确定人力资本、组织支持、关系资本在女性高层次人才职业成长过程中发挥的作用。研究对象主要分布于长春、太原、成都、吉林、西安、石家庄、沈阳、苏州等城市,涵盖了中国北方与南方、沿海与内地各大城市,涉及金融、汽车制造、保险、石油加工、IT、生物医药等行业,组织类型包括国企、外资企业和民营企业等。

(三)调研问卷的发放与筛选

问卷的发放。主要借助互联网发放电子问卷。一种做法是通过电子邮箱将电子版问卷传送到被调查者邮箱内,要求其在一定时间内作答,然后传回问卷;另一种是利用问卷星对电子版问卷进行编辑,通常将 IP 地址发布出去,由填答者直接在网络上作答,答题成功后点击提交,该种方式答题者不容易遗漏题项,否则提交不了问卷,能够保证问卷作答的完整性,而且提高了数据编辑的效率。无论是上面哪种电子问卷发放的方式,问卷的回收率都相比纸质问卷低。为此,本书在调研过程中采用了借助老师、朋友、同事、同学等熟人帮忙的方式发放电子问卷,并通过他们的转发提高问卷发放的随机性,以保证问卷回收的数量与填答的质量。自 2015 年 12 月 1 日至 2016 年 1 月 15 日共计发放问卷 700 份,回收 665 份,回收率为 95%,其中有效问卷 590 份,有效问卷回收率为 84.3%。

问卷的筛选。对问卷的筛选是获得真实有效数据的前提之一,为了确保获得严谨的结论以验证假设是否成立,依据以下标准对回收的问卷进行筛选。（1）整份问卷所勾选的答案有一定的规律性，如选项填答为1，2，3，……或者都为同一答案；（2）对于任一构念所有题项的回答个数小于3个；（3）问卷漏答题过多，如回收问卷中有5个以上题项的答案出现空缺；（4）非多选题填答了2个或2个以上的答案，如超过5个以上题项出现多选；（5）反向回答的问题与正向题项出现矛盾之处。当回收的问卷出现上数情况之一，即被视为无效问卷。

二、量表的选取

量表的开发与使用在管理学的实证研究中得到较好的应用与推广。学者们经过大量的田野调查与实地论证，开发了极具研究价值与应用前景的测量量表，为本书各个构念的测量提供了有意义的参考与测量工具。通过对国内外学者研究成果的追踪与评价，本书中各构念的测量大多采用经国外学者开发、在中国情境下得到较为普遍应用的测量量表，如人力资本、组织支持、关系资本几个构念都有相对比较成熟的量表，在国内得到了学者们的认同与应用。对于由国外学者开发的量表，本书采用的是回译的方式。首先，请一位在国外获得管理学博士学位的专业人员将该量表翻译成中文，再请另一组英语专业人员将量表翻译回原文；其次，由两组人员共同探讨找出翻译中的差异，在对照中文学者的翻译与理解后，参照中国语境给出最好的译文；最后，请从事人力资源管理专业教学与科研工作的教授进行审阅，最终确定量表的题项，以保证量表的内容效度。该方法提高了翻译的准确性，较好地避免了填答人对问卷用语的疑惑与不解，提高了测量问卷的质量，为实证研究奠定了较好的研究基础。

（一）职业成功测量量表

职业成功是一个相对开放的构念,对它的测量虽然尚未达成一致,但基本认同从主、客观两个方面评价个体的职业成功。为此,在借鉴国内外学者相关研究的基础上,根据本书的研究目的,最终确定薪酬、晋升、职业满意度、工作满意度、工作家庭平衡等几个方面作为测量职业成功的指标,采用的大都为国外学者开发、国内应用较为普及的测量量表。

在无边界职业生涯时代,从主观与客观两个标准对个体职业成功进行评价已经得到了学者们的认同,大致上考评的维度围绕着薪酬、晋升、感知到组织内外部市场竞争力、工作满意度、职业满意度、工作家庭平衡等指标进行设计。

1. 客观职业成功

在无边界职业生涯时代,对客观职业生涯成功的测量更要反映时代的特征。为此,本书对女性高层次人才客观职业成功的测量采用了薪酬与晋升两个测量指标(Hughes,1937; Thorndike,1963;刘宁等,2008),共两个题项,即第一问题询问被访者"您现阶段的月收入水平",受访者在 1001—3500 元/月、3501—5000 元/月、5001—8000 元/月、8001—15000 元/月、15000 元/月以上 5 个备选答案中进行选择;以及"您在组织中晋升的次数",受访者在无、1 次、2—3 次、3—5 次、5 次以上 5 个备选答案中回答。以上测量指标在中国文化情境下,得到了学者们的应用(周文霞、孙健敏,2010;郭文臣,2014),能够很好地保证测量的准确性与有效性。

2. 主观职业成功

在中国这样一个具有传统文化特征的国度里,家庭是影响职场女性职业成功的一个重要因素。女性可以放弃某一职业,却不能放弃在家庭中要担当的"为人妻、为人母"的角色,还要设法完成好这一角色。因此,工作家庭平衡成为衡量职场女性职业成功与否的一个不容忽视的测量指标。我国学者(刘宁等,2008)[①]通过对企业管理者职业成功评价指标的研究,发现相对于男性管理者更重视晋升次数而言,女性管理者更重视工作家庭平衡。为此,在对女性高层次人才主观职业成功的测量上,主要考虑采用职业满意度、工作满意度、工作家庭平衡这三个维度。职业满意度选用了由格林豪斯(1990)开发的五个题项的职业满意度测量量表,该量表也是目前影响力最大、应用最为广泛的职业满意度测量量表,由龙立荣[②](2002)在中国情境下进行了修订。题项包括"我很满意自己所取得的职业成就""我很满意自己为实现总体职业目标而取得的成就""我很满意自己为实现收入目标而取得的成就""我很满意自己为实现晋升目标而取得的成就""我很满意自己为实现获得新技能目标而取得的成就"。该量表得到了国内学者的验证(刘宁,2008;严圣阳和王忠军,2008),量表的信度较好,信度系数达到0.89。工作满意度选用了由莫斯哈尔德等[③](Mossholder等,2005)编制的四个题项量表,该量表在国内外学者的实证研究中均得到较好的应用(Harris,2009;宋宝香,

---

① 刘宁、刘晓阳:《企业管理人员职业生涯成功的评价标准研究》,《经济经纬》2008年。
② 龙立荣:《职业生涯管理的结构及其关系研究》,华中师范大学出版社2002年版,第71页。
③ Mossholder K. W., Settoon R. P., Henagan S. C., "A Relational Perspective on Turnover: Examining Structural, Attitudinal, and Behavioral Predictors", *Academy of Management Journal*, Vol. 48, 2005, pp. 607-619.

2010)。题项包括"总的来说我对我的工作很满意""与周围的人相比我更喜欢自己的工作""我喜欢在现在这家公司工作""我对当下的工作很满意"。对于工作家庭平衡的测量学者们一般普遍采用的是工作家庭冲突这一测量指标,本书选用由科塞克和大关(Kossek 和 Ozeki,1998)[①]编制的三个题项的测量量表,该量表主要是从压力、时间、行为三个方面测量员工感知到的工作家庭冲突,题项包括"对工作的焦虑影响了我的家庭生活""工作使我没有时间与我的家人或朋友团聚""因为要完成工作,我不得不放弃重要的家庭活动",该量表的信度系数是 0.64,在国内外研究中得到了较好的应用(刘宁,2007;Martin 等,2002)。具体内容见表 3-2。

表 3-2　职业成功测量量表

构念	测量维度	量表题项与编号	文献来源
职业成功	薪酬	您现阶段的月收入水平	休斯(1937);桑代克(1963);周文霞、孙健敏(2010);刘宁等(2008)
	晋升	您在组织中晋升的次数	
	职业满意度	我很满意自己所取得的职业成就 我很满意自己为实现总体职业目标而取得的成就 我很满意自己为实现收入目标而取得的成就 我很满意自己为实现晋升目标而取得的成就 我很满意自己为实现获得新技能目标而取得的成就	格林豪斯(1990),严圣阳、王忠军(2008)
	工作满意度	总的来说我对我的工作很满意 与周围的人相比我更喜欢自己的工作 我喜欢在现在这家公司工作 我对当下的工作很满意	莫斯哈尔德等(2005)
	工作家庭平衡	对工作的焦虑影响了我的家庭生活 工作使我没有时间与我的家人或朋友团聚 因为要完成工作我不得不放弃重要的家庭活动	科塞克、大关(1998)

---

① Kossek E.E., Ozeki C., "Work-family Conflict, Policies and the Job-life Satisfaction Relationship: A Review and Directions for Organizational Behavior-human Resources Research", *Journal of Applied Psychology*, Vol. 83, 1998, pp. 139-149.

（二）人力资本测量量表

舒尔茨（1990）认为，人力资本是劳动者通过学习所拥有知识、技术和所形成的能力。普斯卡维茨、施泰因曼、费斯廷格（Prskawetz、Gsteinmann 和 Feichtinger，2000）认为，人力资本由教育、培训、迁移和健康几个要素构成。人力资本作为一种特殊的资本形式，对个体职业成功有着很大影响。人力资本价值的实现需要经过投资、配置、使用等过程才能最终产生价值收益，这些过程相互作用、动态地影响着个人的职业成功。其中，对人力资本的投资主要体现对教育、培训等的投资，教育投入是人力资本投入最主要的构成部分，技能和经验是在人力资本的配置和使用的过程中逐渐形成的，最终它们会受教育水平高低的影响。为此，基于前文的论述，本书在对受访者人力资本存量进行测量时采用了教育水平这一测量指标（郭文臣，2014），即询问受访者"目前的受教育水平"。分为大专以下、大专、本科、硕士、博士及博士以上 5 个选项（见表 3-3）。

表 3-3　人力资本测量量表

构念	量表题项	文献来源
人力资本	您目前的受教育水平	吴（2005）；郭文臣（2014）

（三）组织支持测量量表

现有学者大多采用的是由艾森伯格（1986）设计的组织支

持单维度量表。虽然麦克利兰[①]（McMillin,1997）开发的两维度测量量表、克拉尔默和韦恩（2004）开发的 12 个题项的三维度测量量表得到了学者们的检验,但应用的普遍性不够,其优越性也没有体现出来,所以大多数学者仍采用艾森伯格（1986）开发的 36 个题项的测量量表,有学者为了研究方便,删减了其中的一部分题项,选用了其中因子载荷最高的 9 个题项进行测量,实证研究结果具有较好的信度保证。本书采用艾森伯格等（1986）开发的量表,并依据学者们的研究结论（Chen 等,2005;谭小宏等,2007;张侃,2011）,选用其中因子载荷最高的 9 个题项对组织支持进行测量（见表 3-4）。

表 3-4 组织支持测量量表

构念	量表题项与编号	文献来源
组织支持	我所在的组织非常关心我的生活状况 我所在的组织愿意提供各种帮助使我更好地发挥能力以胜任工作 即使我已经做得很好了,组织也很少会注意到 我所在的组织很在意我对工作是否满意 我所在的组织很少表现出对我的关心 我所在的组织重视我的工作建议 我所在的组织会为我在工作中取得的成绩感到自豪 我所在的组织非常看重我所承担工作的目标与价值 我在工作中遇到问题时可以随时向组织寻求帮助	艾森伯格等（1986）;陈等（Chen 等,2005）;谭小宏等（2007）

（四）关系资本测量量表

目前,关系资本构建问题尚未引起学者们的广泛关注,有关这方面的文献较为缺乏。早期有学者对如何在跨文化的组织中

---

① McMillin R., *Customer Satisfaction and Organization Support for Service Providers*, University of Florida, 1997.

进行关系资本建设做了研究。也有学者从企业角度开发了测量企业关系资本的量表,羿丹(2014)从个体角度选择认可、信任和密切程度三个要素作为测量员工关系资本的衡量指标。基于以上学者的研究,本书采用了费里斯等[1](Ferris 等,2005)开发政治技能量表的部分题项作为关系资本的测量量表,该量表得到了广泛的应用(李燕萍和涂乙冬,2011;冯明和李聪,2010)。使用了费里斯等(2005)编制的四维度量表,通过员工自评的方式,其信度系数达到 0.92,其量表在学术界得到了较好的应用,并被证明具有较好的质量,能很好地保证研究结果的准确性。为此,本书选用此量表中的部分题项来测量女性高层次人才的关系资本(见表 3-5)。

表 3-5 关系资本测量量表

构念	量表题项	文献来源
关系资本	在工作中,我花费大量的时间和精力与他人建立关系网络 在工作中,我擅长与有影响力的人物建立关系 当我真的需要帮助时,能够从与我建立良好关系的同事和朋友中获得支持或帮助 在工作中,我认识很多重要人物并和他们保持良好关系 在工作中,我花费了很多时间去与他人建立联系 在工作中,我很擅长运用我的关系和网络使事情得到解决	费里斯等 (2005)

三、测量量表的信度

(一)职业成功测量量表的信度

量表的信度是指评价结果的一致性程度,而测量量表的一

---

[1] Ferris G. R., Davidson S. L., Perrewe P. L., Political Skill at Work, CA:Davies-Black, 2005.

致性程度通常用信度系数来表示。本书的量表信度通过计算 Cronbach's α 系数进行评价,当 Cronbach's α 系数大于 0.70 时,表明量表的内部一致性比较好;当 Cronbach's α 值介于 0.50 与 0.70 之间时,认为信度能够接受;当 Cronbach's α 值低于 0.35 时,表明量表的内部一致性过低,应拒绝使用(Nunnally,1978)。

本书使用社会科学统计软件包(SPSS19.0)对各个研究变量的测量量表进行信度分析。由于客观职业成功两个测量指标薪酬与晋升都是单一测量指标,无须进行 CITC 系数与 Cronbach's α 值的计算;主观职业成功题项的 CITC 系数都大于 0.5,且删除该题项后的 Cronbach's α 值都没有大于各分维度的 α 值,所以职业成功测量量表的所有题项予以保留。表 3-6 显示职业成功测量量表的整体 Cronbach's α 为 0.813,大于 0.70,这说明该量表的信度较好。

表 3-6　职业成功测量量表的信度分析

构念	维度	CITC 系数	删除该项后的 Cronbach's α	维度的 Cronbach's α	构念的 Cronbach's α
职业成功	职业满意度	0.642	0.827	职业满意度	0.813
		0.686	0.816		
		0.655	0.825		
		0.720	0.807		
		0.621	0.832		
	工作满意度	0.726	0.835	工作满意度	
		0.648	0.862		
		0.744	0.824		
		0.778	0.809		
	工作家庭平衡	0.564	0.803	0.811	
		0.694	0.706		
		0.741	0.654		

（二）组织支持测量量表的信度

从表3-7可以看出，组织支持所有题项的删除该题项后的Cronbach's α值都小于该构念的总体α值（0.905），而且所有题项的CITC系数均大于0.5，不满足删除题项的必要条件，所以组织支持测量量表的所有题项予以保留。同时，表3-7显示组织支持测量量表的整体Cronbach's α为0.905，大于0.70，这说明该量表的信度较好。

表3-7　组织支持测量量表的信度分析

构念	CITC 系数	删除该项后的 Cronbach's α	构念的 Cronbach's α
	0.706	0.893	
	0.747	0.890	
	0.642	0.898	
	0.610	0.900	
组织支持	0.604	0.900	0.905
	0.694	0.894	
	0.703	0.893	
	0.751	0.890	
	0.671	0.895	

（三）关系资本测量量表的信度

从表3-8可以看出，关系资本所有题项的删除该题项后的Cronbach's α值都小于该构念的总体α值（0.841），而且所有题项的CITC系数均大于0.5，不满足删除题项的必要条件，所以关系资本测量量表的所有题项予以保留。同时表3-8显示关系资本测量量表的整体Cronbach's α为0.841，大于0.70，这说

明该量表的信度较好。

表 3-8　关系资本测量量表的信度分析

构念	CITC 系数	删除该项后的 Cronbach's α	构念的 Cronbach's α
关系资本	0.603	0.819	0.841
	0.676	0.803	
	0.504	0.836	
	0.681	0.802	
	0.644	0.810	
	0.609	0.817	

四、测量量表的效度

量表的信度是效度的必要条件,前文已测量了各变量量表的 Cronbach's α 系数,数据分析结果表明,各量表具有较好的内部一致性。在此基础上,本部分将对量表的内容效度和构念效度进行检验,以考察各变量量表测量各变量特质与属性的准确程度。

内容效度主要是检验实际测量到的内容能在多大程度上反映出所要测量的内容,也就是量表题项的适当性与代表性(吴明隆,2003)。斯特劳布(Straub,1989)认为,为了保证问卷的内容效度,必须要依循理论框架,通过对前人研究的总结与归纳,从中选择能完整涵盖所要研究范围的相关问题。同时,在开发测量工具时还要遵守适当的程序(Churcill,1995)。为此,笔者通过阅读与梳理大量国内外相关文献,以相关理论为基础进行问卷的设计,最终采用的大多是国内外学者总结开发出来的成熟量表,并得到国内外学者的广泛应用。因此,量表具有较好的效度水平。为了更好地保证问卷质量,在问卷设计前,笔者与相关企业人员进行了大量深入细致的访谈与预调研,并请人力资源管理专业的五位教授与 10 位博士生,以小组座谈的方式修改与完善问卷,并针对企业管理人员的特点,按照她们的语言习惯与理解能力修改语意表达不清或容易引起歧义的题项,经过几次调整与修改,形成最终的调研问卷。

　　构念效度对社会科学研究的测量而言,是相对重要的效度指标之一(黄芳铭,2005)。本部分主要对聚合效度(convergent validity)指标进行分析。当对一个理论构念进行测量时,测量该构念使用的工具与具有相同架构的不同测量工具高度相关时,表明该测量工具具有较好的聚合效度(陈晓萍等,2008)。通常采用验证性因子分析(CFA)方法,即通过构念中各题项的标准化因子载荷(Factor Loadings)及其显著性、每个构念或者维度的平均方差抽取量(Average Variances Extracted,AVE)、组合信度(Composite Reliability,CR)来进行聚合效度的检验。如果该构念的各题项标准化因子载荷均大于 0.5,AVE 大于 0.5,CR 大于 0.7 则说明各题项之间具有显著的相关性,其数值越大,表明该量表的聚合效度越好(吴明隆,2009);反之,则说明该量表测量的不是同一个构念(Hair 等,2005)。本书首先采用 AMOS17.0 对各构念进行验证性因子分析,计算出各测量题项的标准化因子载荷值(λ),在此基础上使用公式 $AVE = \sum \lambda^2 / (\sum \lambda^2 + \sum \theta)$ 和 $CR = (\sum \lambda)^2 / [(\sum \lambda)^2 + \sum \theta]$($\theta$ 为观测变量的误差变异量)分别计算出 AVE 值和 CR 值。此外,本书使用 χ^2/df、CFI、IFI、NNFI 和 RMSEA 等指标进行拟合优度的检验。依据学者们的建议,χ^2/df 的取值范围为 1—4(Hu 和 Bentler,1998),CFI、IFI、NNFI 的取值范围为大于 0.9(Hu 和 Bentler,1999),RMSEA 的临界标准为 0.1

（Mac Callum 等,1996）。具体数据结果见表3-5。

从表3-9可知,职业成功、组织支持、关系资本量表各题项的标准化因子载荷均高于0.5,各维度CR值均高于0.7,AVE值均高于0.5,这说明职业成功、组织支持、关系资本测量量表具有较好的聚合效度。且由表3-9可知,职业成功、组织支持、关系资本的 χ^2/df 值大于1、小于4,其余的CFI、IFI、NNFI值均在0.9以上,RMSEA值也小于0.1。可见职业成功、组织支持、关系资本的拟合优度在可以接受的范围之内。即职业成功、组织支持、关系资本测量量表的聚合效度较好。

表3-9　测量量表的效度分析

构念	维度	因子载荷	CR	AVE	χ^2/df	CFI	IFI	NNFI	RMSEA
职业成功	薪酬	0.699							
	晋升	0.713							
	职业满意度	0.595 0.662 0.625 0.709 0.635	0.841	0.515	2.870	0.911	0.938	0.908	0.075
	工作满意度	0.727 0.811 0.808	0.781	0.600					
	工作家庭平衡	0.601 0.775 0.816	0.802	0.613					
组织支持		0.774 0.813 0.682 0.625 0.708 0.731 0.741 0.776 0.726	0.912	0.537	3.227	0.903	0.903	0.943	0.078

续表

构念	维度	因子载荷	CR	AVE	χ^2/df	CFI	IFI	NNFI	RMSEA
关系资本		0.623 0.765 0.688 0.761 0.711 0.727	0.861	0.510	2.619	0.937	0.905	0.902	0.075

五、人口统计与控制变量

普费弗（Pfeffer，1983）认为，组织内成员的人口统计学特征会影响员工的行为方式与工作结果，如影响员工的晋升、加薪和工作满意度。吴等（2005）通过元分析发现，种族、性别、婚姻状况、年龄等人口统计学特征是影响职业成功的前因变量，其中年龄显著影响客观职业成功（Cox 和 Nkomo，1991）。因为随着年龄的增加，员工的阅历与工作经验越来越丰富，其晋升与加薪的可能性将会增加。另外，相比未婚人士，已婚人士更容易取得客观职业成功（Judge 和 Bretz，1994），普费弗和罗斯（Pfeffer 和 Ross，1982）指出，已婚的员工会给他人留下稳定、有责任感、成熟的印象，而且婚姻会让夫妻互相帮助，提供更多的情感支持，双方就工作的相关事项进行讨论，给出彼此建设性的意见，并在职业中共同成长与进步。除此之外，研究还发现任职时间与资历都正向影响客观职业成功（Judge 和 Bretz，1994；Pfeffer 和 Ross，1982）。因为对于工作时间与资历较长的员工而言，他们会拥有更多晋升的机会，更可能获得较多的经验与技能，相比那些职位低、资历少的员工，在职场的竞争中具有优势。在控制了外在因素后，

研究者发现年龄和任职年限与主观职业成功负相关(Cox 和 Harquail,1991;Cox 和 Nkomo,1991)。因为相比那些缺少经验的年轻人,年龄大、资历老的从业者对职业与工作会有更高的期望、设定更高的目标,并以此作为评价其职业成功的标准,当这种期望与目标没有实现时,他们的满意感会随之降低(Judge 和 Locke,1993)。为此,本书在结合国内外学者相关研究的基础上,将人口统计学变量作为研究人力资本、组织支持、关系资本与职业成功之间关系时需要考虑的控制变量。

本书对女性高层次人才的调查共设计了 8 项人口统计学变量。根据前文所述,将其中的 3 项作为控制变量,分别是员工的年龄、婚姻状况和工作年限。其中,年龄维度设置了 6 个选项(1 代表 25 岁及以下,2 代表 26—30 岁,3 代表 31—35 岁,4 代表 36—40 岁,5 代表 41—50 岁,6 代表 51 岁及以上);婚姻状况设置了 3 个选项(1 代表未婚,2 代表已婚,3 代表婚姻变故);工作年限设置了 6 个选项(1 代表 1 年及以下,2 代表 1—3 年,3 代表 4—5 年,4 代表 6—10 年,5 代表 11—20 年,6 代表 21 年及以上)。同时,考虑到组织多样性的潜在影响,对员工所在部门、所属企业性质、所属企业类型、所在企业人数等几个变量进行了统计调查。其中,员工所在部门设置 10 个选项(1 代表生产部门,2 代表技术部门,3 代表研发部门,4 代表行政部门,5 代表财务部门,6 代表市场部门,7 代表采购部门,8 代表质量部门,9 代表销售部门,10 代表其他部门);所属企业的性质设置了 4 个选项(1 代表国有企业,2 代表民营企业,3 代表合资(外资)企业,4 代表其他企业);所属企业类型设置了 10 个选项(1 代表电子、电器,2 代表生物医药,3 代表 IT 行业,4 代表机械制造,5 代表咨询、金融、服务业,6 代表冶金与能源,7 代表石油化工,8 代表纺织服装,9 代表房地产,10 代表其他);所在企业人数设置了 6 个选项(1 代表 10 人以下,2 代表 11—50 人,3 代表 51—100 人,4 代表 101—500 人,5 代表 501—1000 人,6 代表 1000 人以上)。

第三节　回归分析

本书以女性高层次人才为研究对象,探究其人力资本、组织支持、关系资本与职业成功的关系。为了保证数据的真实性与有效性,本次调研借助了老师、同学与朋友的各种社会关系网。通过网络在线、邮箱、纸质等形式发放统计问卷,调查范围涉及北京、沈阳、长春、上海、海南、重庆、成都、广州、苏州等多个城市与地区,涵盖了汽车制造、农产品加工、服装、房地产等多个行业。按照预测试的标准对正式问卷进行筛选,共回收到 590 份合格问卷。研究样本的人口统计学变量主要包括年龄、婚姻状况、工作年限、所在企业性质、所在企业部门等。

一、受访者所属企业背景与个人情况的描述性统计

(一)受访者所属企业性质

从受访者所在企业性质分布状况来看,70.2% 的女性高层

次人才在国有企业与民营企业工作(见表 3-10)。国有企业的女性高层次人才占 30.8%,共有 182 家;民营单位女性高层次人才占 39.4%,共有 232 家;合资(含外资)企业的女性高层次人才占 19.3%,共有 114 家;其他类型的女性高层次人才占 10.5%,共有 62 家。

表 3-10　正式样本的所在组织性质分布情况

组织性质	频数	百分比(%)	累计百分比(%)
国有	182	30.8	30.8
民营	232	39.4	70.2
合资(外资)	114	19.3	89.5
其他	62	10.5	100.0
合计	590	100.0	

(二)受访者所属行业类型

从受访者所属行业分布状况来看,有 13.2% 的女性高层次人才在电子、电器行业工作,6.8% 的女性高层次人才在生物医药行业工作,10.2% 的女性高层次人才在 IT 行业工作,11.8% 的女性高层次人才在机械制造行业工作,19.7% 的女性高层次人才在咨询、金融、服务行业工作,2.7% 的女性高层次人才在冶金与能源行业工作,1.4% 的女性高层次人才在石油化工行业工作,2.0% 的女性高层次人才在纺织服装行业工作,4.7% 的女性高层次人才在房地产行业工作,27.5% 的女性高层次人才在其他行业工作(见表 3-11)。

表3-11　正式样本的所属行业分布情况

所属行业	频数	百分比(%)	累计百分比(%)
电子、电器	78	13.2	13.2
生物医药	40	6.8	20.0
IT行业	60	10.2	30.2
机械制造	70	11.8	42.0
咨询、金融、服务业	116	19.7	61.7
冶金与能源	16	2.7	64.4
石油化工	8	1.4	65.8
纺织服装	12	2.0	67.8
房地产	28	4.7	72.5
其他	162	27.5	100.0
合计	590	100.0	

（三）受访者所在组织人数

从受访者所在组织人数来看,有2.7%的女性高层次人才在10人及以下的组织工作,有12.6%的女性高层次人才在11—50人的组织工作,有18.3%的女性高层次人才在51—100人的组织工作,有16.9%的女性高层次人才在101—500人的组织工作,有31.2%的女性高层次人才在501—1000人的组织工作,有18.3%的女性高层次人才在1000人以上的组织工作(见表3-12)。

表3-12　正式样本所在的组织人数分布情况

组织人数	频数	百分比(%)	累计百分比(%)
10人及以下	16	2.7	2.7
11—50人	74	12.6	15.3
51—100人	108	18.3	33.6
101—500人	100	16.9	50.5
501—1000人	184	31.2	81.7
1000人以上	108	18.3	100.0
合计	590	100.0	

（四）受访者所在组织成立时间

从受访者所在组织成立时间来看，有 3.7% 的女性高层次人才在刚成立 1 年以下的组织工作，有 13.6% 的女性高层次人才在成立 1—3 年的组织工作，有 13.5% 的女性高层次人才在成立 4—5 年的组织工作，有 26.8% 的女性高层次人才在成立 6—10 年的组织工作，有 19.3% 的女性高层次人才在成立 11—20 年的组织工作，有 23.1% 的女性高层次人才在成立 21 年及以上的组织工作（见表 3-13）。

表 3-13 正式样本所在组织成立时间分布情况

组织成立时间	频数	百分比（%）	累计百分比（%）
1 年以下	22	3.7	3.7
1—3 年	80	13.6	17.3
4—5 年	80	13.5	30.8
6—10 年	158	26.8	57.6
11—20 年	114	19.3	76.9
21 年及以上	136	23.1	100.0
合计	590	100.0	

（五）受访者的性别状况

本书调研的对象全部为来自企业的女性高层次人才，有效样本数量为 590 人，女性占比为 100%（见表 3-14）。

表 3-14 正式样本的性别分布情况

性别	频数	百分比（%）	累计百分比（%）
女	590	100.0	100.0
合计	590	100.0	

（六）受访者的年龄状况

从受访者年龄分布来看,87.1%的女性高层次人才年龄分布为26—50岁之间,25岁及以下与51岁及以上女性高层次人才占总体的12.9%。从整体上看,受访者中大多数为中青年女性,25岁及以下女性高层次人才占11.2%,26—30岁女性高层次人才占33.2%,31—35岁女性高层次人才占25.8%,36—40岁女性高层次人才占15.9%,41—50岁女性高层次人才占12.2%,51岁及以上女性高层次人才占1.7%(见表3-15)。

表3-15 正式样本的年龄分布情况

年龄	频数	百分比(%)	累计百分比(%)
25岁及以下	66	11.2	11.2
26—30岁	196	33.2	44.4
31—35岁	152	25.8	70.2
36—40岁	94	15.9	86.1
41—50岁	72	12.2	98.3
51岁及以上	10	1.7	100.0
合计	590	100.0	

（七）受访者的婚姻状况

从受访者的婚姻状况分布来看,约2/3的女性高层次人才已经组建家庭,为人妻或为人母,承担着工作与家庭的双重角色,近1/3的女性还没有成家。30.9%的企业女性高层次人才为未婚,67.1%的企业女性高层次人才为已婚,婚姻变故的占比为2%(见表3-16)。

表 3-16　正式样本的婚姻状况分布情况

婚姻状况	频数	百分比（%）	累计百分比（%）
未婚	182	30.9	30.9
已婚	396	67.1	98.0
婚姻变故	12	2.0	100.0
合计	590	100.0	

（八）受访者的工作年限状况

从受访者的工作年限分布状况来看,工作时间在 3—10 年的女性高层次人才占总体的 73.3%,有 16.2% 的女性高层次人才工作年限超过 10 年以上。工作年限在 1 年以下的女性高层次人才占 10.5%,1—3 年的女性高层次人才占 36.7%,4—5 年的女性高层次人才占 16.9%,6—10 年的女性高层次人才占 19.7%,11—20 年的女性高层次人才占 14.2%,21 年及以上的女性高层次人才占 2.0%（见表 3-17）。

表 3-17　正式样本的工作年限分布情况

工作年限	频数	百分比（%）	累计百分比（%）
1 年以下	62	10.5	10.5
1—3 年	216	36.7	47.2
4—5 年	100	16.9	64.1
6—10 年	116	19.7	83.8
11—20 年	84	14.2	98.0
21 年及以上	12	2.0	100.0
合计	590	100.0	

（九）受访者的所在部门状况

从受访者所在部门分布状况来看,女性高层次人才占比达到 1/10 以上的部门主要是行政部门和财务部门,其中在行政部门工作的女性高层次人才近 1/3。从整体上看,受访的女性高层次人才主要从事行政管理与财务管理工作。生产部门的女性高层次人才占 6.8%,技术部门的女性高层次人才占 7.8%,研发部门的女性高层次人才占 2.0%,行政部门的女性高层次人才占 31.8%,财务部门的女性高层次人才占 11.5%,市场部门的女性高层次人才占 7.1%,采购部门的女性高层次人才占 4.1%,质量部门的女性高层次人才占 2.4%,销售部门的女性高层次人才占 6.8%,其他部门女性高层次人才占 19.7%(见表 3-18)。

表 3-18 正式样本的所在部门分布情况

所在部门	频数	百分比(%)	累计百分比(%)
生产部门	40	6.8	6.8
技术部门	46	7.8	14.6
研发部门	12	2.0	16.6
行政部门	188	31.8	48.4
财务部门	68	11.5	59.9
市场部门	42	7.1	67.0
采购部门	24	4.1	71.1
质量部门	14	2.4	73.5
销售部门	40	6.8	80.3
其他部门	116	19.7	100.0
合计	590	100.0	

二、控制变量与研究变量的描述性统计

(一)控制变量的描述统计

本书共设置了 3 个控制变量,分别为年龄、婚姻状况、工作年限,其中年龄的取值范围为 1—6,婚姻状况的取值范围为

1—3,工作年限的取值范围为 1—6。根据各控制变量的取值范围,从表 3-19 可以看出,受访的女性高层次人才年龄的均值为 2.9,即平均年龄在 35 岁左右,标准差为 1.25;婚姻状况的均值为 1.71,即样本中的大多数女性高层次人才已经结婚,标准差为 0.50;工作年限的均值为 2.97,即样本中的女性高层次人才工作年限的平均值为 4 年左右,标准差为 1.32。通过对受访者人口统计学特征的描述,我们可以判断出受访者能正确理解测量题项的内容,并准确作答。

表 3-19　控制变量的描述性统计

	年龄	婚姻状况	工作年限
均值	2.9	1.71	2.97
标准差	1.25	0.50	1.32

(二)研究变量的描述性统计

为了检验同源偏差与社会赞许性偏差带来的影响,本书对受访者的受教育程度、薪酬与晋升的频数、百分比分别进行了统计分析。

1. 受访者受教育水平的描述性统计

从受访者的受教育水平分布状况来看,77.6%的女性高层次人才具有本科及以上学历,其中 18.3%的女性高层次人才拥有硕士及以上学历,大多数女性高层次人才的文化程度较高。大专以下学历的女性高层次人才占 2.7%,大专学历的女性高层次人才占 19.7%,本科学历的女性高层次人才占 59.3%,硕士学历的女性高层次人才占 15.9%,博士及以上学历的女性高层次人才占 2.4%（见表 3-20）。

表 3-20　正式样本的受教育水平分布情况

学历	频数	百分比（%）	累计百分比（%）
大专以下	16	2.7	2.7
大专	116	19.7	22.4
本科	350	59.3	81.7
硕士	94	15.9	97.6
博士及以上	14	2.4	100.0
合计	590	100.0	

2. 受访者薪酬水平的描述性统计

从受访者的薪酬水平来看，32.5%的女性高层次人才薪酬水平为 1001—3500 元，35.0%的女性高层次人才薪酬水平为 3501—5000 元，13.2%的女性高层次人才薪酬水平为 5001—8000 元，10.5%的女性高层次人才薪酬水平为 8001—15000 元，8.8%的女性高层次人才薪酬水平为 15000 元/月以上（见表 3-21）。

表 3-21　正式样本的薪酬水平分布情况

薪酬	频数	百分比（%）	累计百分比（%）
1001—3500 元/月	192	32.5	32.5
3501—5000 元/月	206	35.0	67.5
5001—8000 元/月	78	13.2	80.7
8001—15000 元/月	62	10.5	91.2
15000 元/月以上	52	8.8	100.0
合计	590	100.0	

3. 受访者晋升次数的描述性统计

从受访者的晋升次数来看，86.4%的女性高层次人才有过晋升经历，其中 29.5%的女性高层次人才职位晋升过 1 次，45.0%的女性高层次人才晋升过 2—3 次，7.2%的女性高层次

人才晋升过 3—5 次,4.7% 的女性高层次人才晋升过 5 次以上
(见表 3-22)。

表 3-22　正式样本的晋升次数分布情况

晋升	频数	百分比(%)	累计百分比(%)
0 次	80	13.6	13.6
1 次	174	29.5	43.1
2—3 次	266	45.0	88.1
3—5 次	42	7.2	95.3
5 次以上	28	4.7	100.0
合计	590	100.0	

4. 测量变量的描述性统计

职业成功、组织支持、关系资本量表采用的都是李克特 5 点
计分法,取值范围为 1—5。人力资本测量以受访者的受教育水
平为代表,分别将 5 种不同的学历水平从低到高用 1 到 5 的数
字表示。分值越高,表明该受访者的自评得分越高,越认同题项
所描述的内容,如 1 表示完全不符合,5 表示完全符合。通过对
职业成功、人力资本、组织支持、关系资本均值与标准差的统计
分析,从表 3-23 可以看出,受访者在职业成功、人力资本、组织
支持、关系资本上的均值都高于平均值。其中受访者的职业成
功均值(3.28)高于平均值(3),标准差为 0.49,说明受访者对职
业成功的感受较强烈;人力资本均值(3.19)高于平均值(3),
标准差为 0.69,说明受访者受教育程度较高,多为本科以上学
历;组织支持均值(3.41)高于平均值(3),标准差为 0.62,说
明受访者对组织支持的感受较强,但不同受访者的感知程度
不同;关系资本的均值(3.33)高于平均值(3),标准差为
0.605,说明受访者拥有的关系资本较多,但受访者拥有的关

系资本存在差异。

表 3-23　测量变量的描述性统计

变量	均值	标准差
职业成功	3.28	0.49
人力资本	3.19	0.69
组织支持	3.41	0.62
关系资本	3.33	0.605

三、方差分析

在社会科学研究中,影响某一变量的因素往往很多,通常情况下将那些对结果变量产生影响,但却不是我们要关注的变量称为控制变量。在实际研究中,如果不对这些控制变量加以分析,就无法弄清楚自变量对因变量到底发挥了多大的作用(赵鑫,2011)。因此,在社会科学研究中,对控制变量的影响进行统计分析是准确了解研究变量之间关系的前提。基于此,笔者首先查阅了相关文献,将年龄、婚姻状况、教育水平、管理层级和工作年限等人口统计学特征确定为控制变量;其次,用单因素方差分析对研究样本的人口统计学特征作出基本判断;最后,对员工的年龄、婚姻状况、教育水平、管理层级和工作年限采用多重比较法进行两两比较,当方差齐性(显著性水平 Sig.大于 0.05)时,采用 T 检验中的 LSD 法判断差异的显著性;当方差不齐(Sig.<0.05)时,采用 Tamhane 法来判断(马庆国,2003)。具体检验结果如下。

（一）年龄的单因素方差分析

在95%置信区间内，年龄对受教育水平、薪酬、晋升、工作满意度、工作家庭平衡、关系资本产生了显著的影响。如表3-24所示，不同年龄的职场女性受教育水平存在差异，不同年龄阶段的职场女性薪酬水平与晋升次数也是不同的，感知到的工作满意度与工作家庭平衡也存在差异，拥有的关系资本也有所不同，但不同年龄的女性人才感知到的组织支持没有差异。

表3-24　年龄的方差分析

变量	方差齐次检验		均值差异检验		显著差异存在与否
	显著性	是否齐次	F 值	显著性	
受教育水平	0.000	否	6.708	0.000	是
薪酬	0.000	否	24.201	0.000	是
晋升	0.385	是	21.128	0.000	是
职业满意度	0.004	否	2.114	0.062	否
工作满意度	0.716	是	2.747	0.018	是
工作家庭平衡	0.054	是	3.405	0.005	是
组织支持	0.273	是	1.243	0.288	否
关系资本	0.031	否	2.285	0.045	是

注：表中方差齐次检验和均值差异检验的显著性水平均为0.05。

在置信度为95%的水平下，本书列举了在统计学上存在显著差异的部分。从表3-25可以看出，在受教育水平方面，26—40岁与41—50岁的女性高层次人才受教育水平存在差异，25

岁及以下与 31—40 岁女性高层次人才受教育水平存在差异。究其原因,41 岁及以上的职场女性受到其适龄时期教育环境的限制,没有机会进行更高水平的深造与学习,学历水平一般在本科及以下,而且有相当一部分是通过进修与函授获得文凭,而 25 岁及以下的职场女性一般是刚刚本科毕业走上工作岗位的,未来可能会攻读硕士或博士学位,所以学历水平与 31—40 岁年龄阶段的女性高层次人才之间存在差异。在薪酬方面,30 岁及以下与 31—35 岁、36—40 岁、41—50 岁的女性高层次人才薪酬水平存在显著差异,也就是说随着年龄的增加,工作经验的积累,女性高层次人才的薪酬水平会越来越高,依据我国现行的退休年龄的有关规定,51 岁的职场女性已临近退休年龄,她们工资增长幅度不会有太大提升,所以与其他年龄段的薪酬差异不明显。在晋升方面,35 岁及以下的女性高层次人才与 41 岁及以上女性高层次人才存在显著差异。学者研究发现,女性职业成功路径呈现 M 形,35 岁及以下职场女性处在结婚、生育、照顾尚在襁褓中孩子的关键时刻,更多的精力是为人妻、为人母,40 岁以后女性家务负担减轻,会有更多的时间与精力用在工作上,加上个人成长的强烈意愿,发展与晋升的机会更多,成长得也更快,因此 41 岁及以上的女性高层次人才晋升的次数更多。在工作满意度方面,35 岁及以下的女性高层次人才与 41 岁及以上女性高层次人才存在显著差异,尤其是与 51 岁及以上的女性高层次人才差异最大。探究其原因,女性高层次人才大多数在 55 岁退休,越接近退休年龄的女性,其职业期望值越低,越追求稳定,她们对现有的工作越有较高的工作满意度;而相对于年龄较小的女

性高层次人才,其工作时间相对较短,个人阅历浅、经验少,追求呈现多样化,更希望尝试多样化的工作以实现个人的理想与抱负,其工作满意度相对较低。此外,通过数据显示,发现不同年龄段的女性高层次人才对工作家庭平衡的感知也存在显著差异,其中最有代表性的是 31—35 岁的女性高层次人才。随着现代社会生活节奏的加快,更多的女性延迟了婚育的年龄,30 岁以上结婚生子的女性大有人在,31—35 岁已成为更多女性选择生育子女的最佳时期,由于孩子年纪小,需要母亲的看护与陪伴,她们所感知到的工作家庭冲突会比其他年龄段更为强烈。

表 3-25　年龄两两多重比较结果

变量	多重比较	年龄(I)	年龄(J)	均值差异(I—J)	Sig.
受教育水平	Tamhane	25 岁及以下	31—35 岁	−0.304	0.023
			36—40 岁	−0.382	0.003
		26—30 岁	41—50 岁	0.328	0.027
		31—35 岁	41—50 岁	0.481	0.000
		36—40 岁	41—50 岁	0.559	0.000
薪酬	Tamhane	25 岁及以下	26—30 岁	−0.494	0.000
			31—35 岁	−1.321	0.000
			36—40 岁	−1.573	0.000
			41—50 岁	−1.164	0.000
		26—30 岁	31—35 岁	−0.827	0.000
			36—40 岁	−1.079	0.000
			41—50 岁	−0.671	0.004

续表

变量	多重比较	年龄（I）	年龄（J）	均值差异（I—J）	Sig.
晋升	LSD	25 岁及以下	26—30 岁	−0.316	0.013
			31—35 岁	−0.711	0.000
			36—40 岁	−0.894	0.000
			41—50 岁	−1.139	0.000
			51 岁及以上	−1.800	0.000
		26—30 岁	31—35 岁	−0.394	0.000
			36—40 岁	−0.577	0.000
			41—50 岁	−0.823	0.000
			51 岁及以上	−1.484	0.000
		31—35 岁	41—50 岁	−0.428	0.001
			51 岁及以上	−1.089	0.000
		36—40 岁	51 岁及以上	−0.906	0.002
		41—50 岁	51 岁及以上	−0.661	0.029
工作满意度	LSD	25 岁及以下	51 岁及以上	−0.564	0.014
		26—30 岁	41—50 岁	−0.185	0.046
			51 岁及以上	−0.544	0.013
		31—35 岁	41—50 岁	−0.199	0.039
			51 岁及以上	−0.559	0.011
工作家庭平衡	LSD	26—30 岁	31—35 岁	−0.301	0.001
		31—35 岁	36—40 岁	0.226	0.047
			41—50 岁	0.331	0.008
			51 岁及以上	0.794	0.005
		36—40 岁	51 岁及以上	0.567	0.050

注:表中均值差异检验的显著性水平为 0.05。

（二）婚姻状况的单因素方差分析

在95%置信区间下，婚姻状况对受教育水平、薪酬、晋升与关系资本产生了显著的影响。不同婚姻状况的女性高层次人才在受教育水平方面存在差异，她们的薪酬水平与晋升次数也有不同，不同婚姻状况的女性高层次人才拥有的关系资本存在差异（见表3-26）。

表3-26　婚姻状况的方差分析

变量	方差齐次检验		均值差异检验		显著差异存在与否
	显著性	是否齐次	F 值	显著性	
受教育水平	0.171	是	4.301	0.014	是
薪酬	0.000	否	25.578	0.000	是
晋升	0.047	否	24.549	0.000	是
职业满意度	0.017	否	0.260	0.771	否
工作满意度	0.154	是	1.864	0.156	否
工作家庭平衡	0.367	是	0.635	0.530	否
组织支持	0.080	是	0.773	0.462	否
关系资本	0.001	否	3.848	0.022	是

注：表中方差齐次检验和均值差异检验的显著性水平均为0.05。

在置信度为95%的水平下，本书列举了在统计学上存在显著差异的部分。从表3-27可以看出，在受教育水平方面，未婚、已婚与婚姻变故的女性高层次人才受教育水平存在差异。在薪酬与晋升方面，未婚与已婚、婚姻变故的女性高层次人才之间存在差异。按人的生理年龄推算,未婚女性的年龄一般会比已婚、婚姻变故的女性高层次人才要小,而前文统计发现年龄是影响女性高层次人才薪酬与晋升的原因之一。在置信度为95%的水平下,未婚或已婚女性高层次人才与婚姻出现变故的女性高层次人才在拥有的关系资本方面存在差异。究其原因,婚姻出现变故的女性在婚姻道路上存在两种选择:一种是继续追求幸福,寻找人生的伴侣,但是在与他人接触与交往过程中会更加谨慎;另一种因为受到家庭或者上次婚姻失败的影响,选择将自己的情感封闭起来,不再组建家庭,在与他人交往时会有更多的顾虑。无论上面哪种情况,婚姻出现变故的女性高层次人才与未婚或已婚女性在识别、发展和建立关系资本方面都会存在差异。

表3-27　婚姻状况两两多重比较结果

变量	多重比较	婚姻状况（I）	婚姻状况（J）	均值差异（I—J）	Sig.
受教育水平	LSD	未婚	婚姻变故	0.634	0.004
		已婚	婚姻变故	0.636	0.004
薪酬	Tamhane	未婚	已婚	-0.772	0.000
晋升	Tamhane	未婚	已婚	0.585	0.000
			婚姻变故	-0.469	0.024
关系资本	Tamhane	未婚	婚姻变故	0.472	0.005
		已婚	婚姻变故	0.396	0.017

注:表中均值差异检验的显著性水平为0.05。

(三)工作年限的单因素方差分析

在95%置信水平下,工作年限对受教育水平、薪酬、晋升、工作满意度等几个变量产生了显著的影响。女性高层次人才受教育水平不同,其受教育年限也会不同,伴随受教育年限的延长,女性高层次人才学历可能会越高,其工作年限则相应减少。随着工作年限的增加,女性高层次人才的薪酬与晋升会存在差异,其感知到的工作满意度也会存在不同程度的差别,不同工作年限的女性高层次人才感知的组织支持与拥有的关系资本没有差异(见表3-28)。

表3-28 工作年限的方差分析

变量	方差齐次检验		均值差异检验		显著差异存在与否
	显著性	是否齐次	F 值	显著性	
受教育水平	0.001	否	4.301	0.002	是
薪酬	0.049	否	25.578	0.000	是
晋升	0.053	是	24.549	0.000	是
职业满意度	0.418	是	0.260	0.156	否
工作满意度	0.288	是	1.864	0.029	是
工作家庭平衡	0.117	是	0.635	0.563	否
组织支持	0.015	否	2.070	0.068	否
关系资本	0.008	否	0.428	0.830	否

注:表中方差齐次检验和均值差异检验的显著性水平均为0.05。

在95%的置信度水平下,本书仅列举了在统计学上存在显著差异的部分。从表3-29可以看出,5年以内工作年限的女性人才薪酬水平与5年以上工作年限的女性人才存在显著差异,究其原因,5年以内工作年限的女性人才或刚步入职场,因其参加工作时间短,社会阅历尚浅,缺少工作经验,对周围的环境、事物与人员还处于适应期,其薪酬水平会较低;或者刚熟悉职场环境正进入职业成长期,还需要不断积累工作经验与提升技能,薪酬水平也难以在短时间内有大幅度的增长,薪酬水平会低于5年以上工作年限的女性人才。此外,工作年限在10年以内的女性管理者与工作年限超过10年的女性管理者在工作满意度方面存在差异,

表3-29　工作年限的两两多重比较结果

变量	多重比较	工作年限（I）	工作年限（J）	均值差异（I—J）	Sig.
薪酬	Tamhane	1年以下	6—10年	−1.088	0.000
			11—20年	−0.702	0.010
		1—3年	6—10年	−0.769	0.000
		4—5年	6—10年	−0.762	0.000
晋升	LSD	1年以下	1—3年	−0.491	0.000
			4—5年	−0.435	0.004
			6—10年	−0.660	0.000
			11—20年	−0.816	0.000
			21年及以上	−1.769	0.000
		1—3年	11—20年	−0.325	0.007
			21年及以上	−1.278	0.000
		4—5年	11—20年	−0.381	0.006
			21年及以上	−1.333	0.000
		6—10年	21年及以上	−1.109	0.000
		11—20年	21年及以上	−0.952	0.001

续表

变量	多重比较	工作年限（I）	工作年限（J）	均值差异（I—J）	Sig.
工作满意度	LSD	1 年以下	21 年及以上	−0.546	0.010
		1—3 年	11—20 年	−0.194	0.025
			21 年及以上	−0.528	0.025
		4—5 年	21 年及以上	−0.482	0.019
		6—10 年	21 年及以上	−0.412	0.043

注：表中均值差异检验的显著性水平为 0.05。

随着工作时间的增加，其对工作满意度感知更加强烈。究其原因，对于工作年限较长的女性管理者而言，其对所从事的工作比较熟悉，随着工龄的增加，距离退休的时间越近，她们的职业生涯已达到顶峰，多数女性管理者会安于现状，对当下的工作呈现满意的状态；对于刚参加工作或工作时间较短的女性管理者而言，她们大多是"80 后"，这一代人有着自己独特的思想观念与价值观，对个人职业生涯有着完整的规划与思考，敢于接受挑战，善于把握机会与展现自己，对变化的环境有较强的适应能力，对于自己未来要从事的工作有着更高的追求，会根据自己的意愿决定工作的选择与取舍，所以工作年限在 10 年以内的女性管理者与工作年限超过 10 年，尤其是超过 20 年的女性管理者在工作满意度方面存在显著差异。

四、相关性分析

相关性分析是研究变量之间相关性的统计研究方法，通常用 Pearson 系数来表示。相关性分析也是帮助我们判定研究变量之间是否存在因果关系的前提，本部分通过对变量间的相关性进行分析，探讨人力资本与职业成功之间的相关性与相关程度。

女性高层次人才的人力资本、组织支持、关系资本与客观职业成功及其两个维度（薪酬与晋升）之间的相关性分析结果如表3-30所示。女性高层次人才人力资本与其客观职业成功呈显著的正相关关系（$r=0.079$，$p<0.05$），其中女性高层次人才的人力资本与薪酬（$r=0.169$，$p<0.000$）、晋升（$r=0.071$，$p<0.05$）两个维度存在显著的正相关关系。假设H1得到数据支持。女性高层次人才组织支持与其客观职业成功呈显著的正相关关系（$r=0.164$，$p<0.001$），其中女性高层次人才的组织支持与薪酬（$r=0.112$，$p<0.01$）、晋升（$r=0.173$，$p<0.001$）两个维度存在显著的正相关关系。假设H3得到数据支持。女性高层次人才关系资本与其客观职业成功呈显著的正相关关系（$r=0.176$，$p<0.001$），其中女性高层次人才的关系资本与薪酬（$r=0.153$，$p<0.01$）、晋升（$r=0.141$，$p<0.01$）两个维度存在显著的正相关关系。假设H5得到数据支持。

表3-30 人力资本、组织支持、关系资本与客观职业成功的相关系数矩阵

变量	客观职业成功	薪酬	晋升
人力资本	0.079*	0.169***	0.071*
组织支持	0.164***	0.112**	0.173***
关系资本	0.176***	0.153***	0.141**

注：* 表示在0.05水平下显著相关，*** 表示在0.001水平下显著相关（双尾检验）。

女性高层次人才人力资本、组织支持、关系资本，与主观职业成功及其三个维度（职业满意度、工作满意度、工作家庭平衡）之间的相关性分析结果如表3-31所示。女性高层次人才人力资本与其主观职业成功不存在相关关系（$r=-0.014$，$p>0.05$），其中女性高层次人才的人力资本与职业满意度（$r=0.014$，$p>0.05$）、工

作满意度($r=-0.056$,$p>0.05$)、工作家庭平衡($r=-0.004$,$p>0.05$)三个维度不存在相关关系。假设 H2 没有得到数据支持。女性高层次人才组织支持与其主观职业成功存在显著正相关关系($r=0.627$,$p<0.001$),其中女性高层次人才的组织支持与职业满意度($r=0.494$,$p<0.001$)、工作满意度($r=0.659$,$p<0.001$)、工作家庭平衡($r=0.200$,$p<0.001$)三个维度不存在相关关系。假设 H4 得到数据支持。女性高层次人才关系资本与其主观职业成功存在显著正相关关系($r=0.349$,$p<0.001$),其中女性高层次人才的关系资本与职业满意度($r=0.320$,$p<0.001$)、工作满意度($r=0.298$,$p<0.001$)、工作家庭平衡($r=0.128$,$p<0.01$)三个维度存在显著相关关系。假设 H6 得到数据支持。

表3-31 人力资本、组织支持、关系资本与主观职业成功的相关系数矩阵

变量	主观职业成功	职业满意度	工作满意度	工作家庭平衡
人力资本	-0.014	0.014	-0.056	-0.004
组织支持	0.627***	0.494***	0.659***	0.200***
关系资本	0.349***	0.320***	0.298***	0.128**

第四节 假设检验与结果讨论

一、虚拟变量的设置

在控制变量的干扰下,相关关系并不能验证研究假设是否成立。为此,本书采用回归分析法确定研究变量之间相关的具体形式。在进行回归分析之前,先将三个人口统计学控制变量中的类别变量转化成虚拟变量(见表3-32)。

表 3-32　虚拟变量的设置

		Age1	Age2	Age3	Age4	Age5
年龄	25 岁及以下	1	0	0	0	0
	26—30 岁	0	1	0	0	0
	31—35 岁	0	0	1	0	0
	36—40 岁	0	0	0	1	0
	41—50 岁	0	0	0	0	1
	51 岁及以上	0	0	0	0	0
		Mar1	Mar2			
婚姻状况	未婚	1	0			
	已婚	0	1			
	婚姻变故	0	0			
		Edu1	Edu2	Edu3	Edu4	
学历	大专以下	1	0	0	0	
	大专	0	1	0	0	
	本科	0	0	1	0	
	硕士	0	0	0	1	
	博士及以上	0	0	0	0	
		Pos1	Pos2			
管理层级	基层管理者	1	0			
	中层管理者	0	1			
	高层管理者	0	0			
		Ten1	Ten2	Ten3	Ten4	Ten5
工作年限	1 年以下	1	0	0	0	0
	1—3 年	0	1	0	0	0
	4—6 年	0	0	1	0	0
	7—10 年	0	0	0	1	0
	11—20 年	0	0	0	0	1
	21 年及以上	0	0	0	0	0

二、自变量与女性高层次人才客观职业成功

(一)自变量对女性高层次人才客观职业成功的影响

为了检验女性高层次人才人力资本、组织支持、关系资本对客观职业成功的影响,本部分共建立了四个回归模型。首先,在模型一中进行控制变量对因变量——客观职业成功的回归;其次,在模型一的基础上,在模型二中加入自变量——人力资本,建立控制变量和人力资本对客观职业成功的回归模型;再次,在模型一的基础上,在模型三中加入自变量——组织支持,建立控制变量和组织支持对客观职业成功的回归模型;最后,在模型一的基础上,在模型四中加入自变量——关系资本,建立控制变量和关系资本对客观职业成功的回归模型。通过观察 ΔR^2 的显著性来检验人力资本、组织支持与关系资本对客观职业成功的影响(见表3-33)。

表3-33 自变量对女性高层次人才客观职业成功的回归分析

变量	因变量:客观职业成功							
	模型一		模型二		模型三		模型四	
	β值	t值	β值	t值	β值	t值	β值	t值
控制变量:								
年龄:Age1	-0.480***	-4.337	-0.453***	-4.087	-0.479***	-4.396	-0.537***	-4.941
Age2	-0.548***	-3.531	-0.524**	-3.388	-0.561***	-3.672	-0.637***	-4.175
Age3	-0.232	-1.653	-0.224	-1.601	-0.234	-1.690	-0.320*	-2.313
Age4	-0.098	-0.829	-0.096	-0.817	-0.110	-0.943	-0.177	-1.520
Age5	-0.114	-1.116	-0.095	-0.926	-0.115	-1.143	-0.167	-1.662
婚姻状况:Mar1	0.233	1.749	0.190	1.419	0.250	1.907	0.172	1.315

续表

变量	因变量:客观职业成功							
	模型一		模型二		模型三		模型四	
	β 值	t 值	β 值	t 值	β 值	t 值	β 值	t 值
Mar2	0.292*	2.318	0.257*	2.032	0.316*	2.542	0.247*	1.998
工作年限:Ten1	−0.150	−1.532	−0.189	−1.909	−0.119	−1.228	−0.119	−1.235
Ten2	−0.113	−0.776	−0.157	−1.078	−0.072	−0.500	−0.079	−0.558
Ten3	−0.215	−1.886	−0.249*	−2.171	−0.183	−1.626	−0.180	−1.613
Ten4	−0.103	−0.866	−0.138	−1.150	−0.068	−0.573	−0.072	−0.612
Ten5	−0.173	−1.681	−0.204*	−1.976	−0.161	−1.588	−0.156	−1.557
自变量:								
人力资本			0.091*	2.406				
组织支持					0.157***	4.353		
关系资本							0.191***	5.297
F 值	15.443***		14.819***		16.157***		17.082***	
R^2	0.243		0.251		0.267		0.278	
调整 R^2	0.227		0.234		0.251		0.262	
ΔR^2			0.007		0.024		0.035	

注:*** 表示在 0.001 水平下显著,** 表示在 0.01 水平下显著,* 表示在 0.05 水平下显著。

表 3-33 中的模型一主要分析了人口统计学变量对女性高层次人才客观职业成功的影响,其中年龄与婚姻状况对于女性高层次人才的客观职业成功产生了显著影响。对于不同年龄与婚姻状况的职场女性而言,其对客观职业成功的感知存在显著差异,而工作年限没有对客观职业成功产生显著影响。模型一的调整 R^2 为 0.227,表明人口统计学变量解释了客观职业成功变异的 22.7%。模型二是在模型一的基础上加入了人力资本这一自变量,从表 3-33 可以看出,模型二对客观职业成功解释力度要优于模型一,对客观职业成功变异的解释由原来的

22.7%增加到23.4%,增加了0.7%,并且F值在0.05的水平下显著。同时,人力资本对客观职业成功的标准化回归系数β值为0.091($p<0.05$),大于0。以上分析表明,在控制了人口统计学变量后,女性高层次人才人力资本对客观职业成功有显著的正向影响,即人力资本越强,其客观职业越成功。假设H1得到数据支持。从表3-33可以看出,模型三对客观职业成功解释力度要优于模型一,对客观职业成功变异的解释由原来的22.7%增加到25.1%,增加了2.4%,并且F值在0.001的水平下显著。同时,组织支持对客观职业成功的标准化回归系数β值为0.157($p<0.001$),大于0。以上分析表明,在控制了人口统计学变量后,女性高层次人才组织支持对客观职业成功有显著的正向影响,即组织支持越强,其客观职业越成功。假设H3得到数据支持。从表3-33还可以看出,模型四对客观职业成功解释力度要优于模型一,对客观职业成功变异的解释由原来的22.7%增加到26.2%,增加了3.5%,并且F值在0.001的水平下显著。同时,关系资本对客观职业成功的标准化回归系数β值为0.191($p<0.001$),大于0。以上分析表明,在控制了人口统计学变量后,女性高层次人才关系资本对客观职业成功有显著的正向影响,即拥有的关系资本越多,其客观职业越成功。假设H5得到数据支持。

(二)自变量对女性高层次人才薪酬的影响

为了检验女性高层次人才人力资本、组织支持、关系资本对薪酬的影响,本部分共建立了四个回归模型。首先,在模型一中进行控制变量对因变量——薪酬的回归;其次,在模型一的基础上,在模型二中加入自变量——人力资本,建立控制变量和人力资本对薪酬的回归模型;再次,在模型一的基础上,在模型三中加入自变量——组织支持,建立控制变量和组织支持对薪酬的回归模型;最后,在模型一的基础上,在模型四中加入自变量——关系资本,建立控制变量和关系资本对薪酬的回归模型。通过观察 ΔR^2 的显著性来检验人力资本、组织支持与关系资本对薪酬的影响(见表 3-34)。

表 3-34　自变量对女性高层次人才薪酬的回归分析

变量	因变量:薪酬							
	模型一		模型二		模型三		模型四	
	β 值	t 值	β 值	t 值	β 值	t 值	β 值	t 值
控制变量:								
年龄:Age1	-0.317**	-2.777	-0.261**	-2.320	-0.316**	-2.790	-0.364**	-3.219
Age2	-0.296*	-1.854	-0.248*	-1.582	-0.306	-1.926	-0.369*	-2.331
Age3	-0.005	-0.034	0.012	0.083	-0.006	-0.042	-0.077	-0.536
Age4	0.085	0.700	0.089	0.744	0.077	0.635	0.020	0.167
Age5	-0.016	-0.148	0.024	0.235	-0.016	-0.156	-0.059	-0.566
婚姻状况:Mar1	0.223	1.629	0.135	.997	0.236	1.731	0.173	1.276
Mar2	0.251*	1.929	0.178	1.387	0.268*	2.071	0.213	1.661
工作年限:Ten1	-0.057	-0.561	-0.136	-1.354	-0.034	-0.341	-0.031	-0.307
Ten2	-0.045	-0.298	-0.136	-0.920	-0.015	-0.103	-0.017	-0.116
Ten3	-0.139	-1.183	-0.208*	-1.787	-0.116	-0.993	-0.110	-0.950
Ten4	0.017	0.135	-0.054	-0.443	0.042	0.344	0.043	0.352
Ten5	-0.103	-0.977	-0.167	-1.598	-0.095	-0.902	-0.090	-0.862
自变量:								
人力资本			0.187***	4.864				
组织支持					0.112**	2.994		
关系资本							0.157***	4.193
F 值	11.804***		13.144***		11.736***		12.562***	

续表

变量	因变量:薪酬							
	模型一		模型二		模型三		模型四	
	β 值	t 值	β 值	t 值	β 值	t 值	β 值	t 值
R^2	0.197		0.229		0.209		0.221	
调整 R^2	0.180		0.211		0.192		0.203	
ΔR^2			0.031		0.012		0.023	

注: *** 表示在 0.001 水平下显著, ** 表示在 0.01 水平下显著, * 表示在 0.05 水平下显著。

表 3-34 中的模型一主要分析了人口统计学变量对女性高层次人才薪酬的影响,其中年龄与婚姻状况对于女性高层次人才的薪酬产生了显著影响。对于不同年龄与婚姻状况的职场女性而言,其对薪酬的感知存在显著差异,而工作年限没有对薪酬产生显著影响。模型一的调整 R^2 为 0.180,表明人口统计学变量解释了薪酬变异的 18%。模型二是在模型一的基础上加入了人力资本这一自变量,从表 3-34 可以看出,模型二对薪酬解释力度要优于模型一,对薪酬变异的解释由原来的 18% 增加到 21.1%,增加了 3.1%,并且 F 值在 0.001 的水平下显著。同时,人力资本对薪酬的标准化回归系数 β 值为 0.187(p<0.001),大于 0。以上分析表明,在控制了人口统计学变量后,女性高层次人才人力资本对薪酬有显著的正向影响,即人力资本越强,其薪酬越高。假设 H1a 得到数据支持。从表 3-34 可以看出,模型三对薪酬解释力度要优于模型一,对薪酬变异的解释由原来的 18% 增加到 19.2%,增加了 1.2%,并且 F 值在 0.001 的水平下显著。同时,组织支持对薪酬的标准化回归系数 β 值为 0.112 (p<0.01),大于 0。以上分析表明,在控制了人口统计学变量后,女性高层次人才组织支持对薪酬有显著的正向影响,即组织

支持越强,其客观职业越成功。假设 H3a 得到数据支持。从表3-34 还可以看出,模型四对薪酬解释力度要优于模型一,对薪酬变异的解释由原来的 18% 增加到 20.3%,增加了 2.3%,并且 F 值在 0.001 的水平下显著。同时,关系资本对薪酬的标准化回归系数 β 值为 0.157(p<0.001),大于 0。以上分析表明,在控制了人口统计学变量后,女性高层次人才关系资本对薪酬有显著的正向影响,即拥有关系资本越多,其客观职业越成功。假设 H5a 得到数据支持。

(三)自变量对女性高层次人才晋升的影响

为了检验女性高层次人才人力资本、组织支持、关系资本对晋升的影响,本部分共建立了四个回归模型。首先,在模型一中进行控制变量对因变量——晋升的回归;其次,在模型一的基础上,在模型二中加入自变量——人力资本,建立控制变量和人力资本对晋升的回归模型;再次,在模型一的基础上,在模型三中加入自变量——组织支持,建立控制变量和组织支持对晋升的回归模型;最后,在模型一的基础上,在模型四中加入自变量——关系资本,建立控制变量和关系资本对晋升的回归模型。通过观察 ΔR^2 的显著性来检验人力资本、组织支持与关系资本对晋升的影响(见表 3-35)。

表 3-35 自变量对女性高层次人才晋升的回归分析

变量	因变量:晋升							
	模型一		模型二		模型三		模型四	
	β 值	t 值	β 值	t 值	β 值	t 值	β 值	t 值
控制变量:								

续表

变量	因变量:晋升							
	模型一		模型二		模型三		模型四	
	β 值	t 值	β 值	t 值	β 值	t 值	β 值	t 值
年龄:Age1	-0.518***	-4.500	-0.538***	-4.657	-0.517***	-4.557	-0.567***	-4.983
Age2	-0.675***	-4.190	-0.692***	-4.294	-0.689***	-4.333	-0.752***	-4.712
Age3	-0.443**	-3.038	-0.449**	-3.083	-0.445**	-3.093	-0.519***	-3.588
Age4	-0.300*	-2.449	-0.302*	-2.463	-0.312*	-2.582	-0.369**	-3.028
Age5	-0.200	-1.889	-0.215*	-2.021	-0.201	-1.926	-0.246*	-2.344
婚姻状况:Mar1	0.160	1.156	0.191	1.374	0.177	1.301	0.107	0.784
Mar2	0.240	1.831	0.266*	2.019	0.264*	2.040	0.201	1.551
工作年限:Ten1	-0.217*	-2.132	-0.189	-1.832	-0.186	-1.843	-0.190	-1.888
Ten2	-0.160	-1.061	-0.127	-0.839	-0.119	-0.797	-0.131	-0.882
Ten3	-0.236*	-1.988	-0.211	-1.771	-0.204	-1.737	-0.206	-1.757
Ten4	-0.222	-1.788	-0.197	-1.576	-0.186	-1.515	-0.194	-1.588
Ten5	-0.200	-1.873	-0.177	-1.649	-0.188	-1.784	-0.186	-1.767
自变量:								
人力资本			0.067*	1.695				
组织支持					0.158***	4.213		
关系资本							0.165***	4.381
F 值	10.750***		10.876***		11.577***		11.712***	
R^2	0.183		0.187		0.207		0.209	
调整 R^2	0.166		0.168		0.189		0.191	
ΔR^2			0.002		0.023		0.025	

注:*** 表示在 0.001 水平下显著,** 表示在 0.01 水平下显著,* 表示在 0.05 水平下显著。

表 3-35 中的模型一主要分析了人口统计学变量对女性高层次人才晋升的影响,其中年龄与工作年限对于女性高层次人才的晋升产生了显著影响。婚姻状况对女性高层次人才晋升不存在显著影响。模型一的调整 R^2 为 0.166,表明人口统计学变量解释了晋升变异的 16.6%。模型二是在模型一的基础上加

入了人力资本这一自变量,从表 3-35 可以看出,模型二对晋升解释力度要优于模型一,对晋升变异的解释由原来的 16.6% 增加到 16.8%,增加了 0.2%,并且 F 值在 0.05 的水平下显著。同时,人力资本对晋升的标准化回归系数 β 值为 0.067(p<0.05),大于 0。以上分析表明,在控制了人口统计学变量后,女性高层次人才人力资本对晋升有显著的正向影响,即人力资本越强,其晋升次数越多。假设 H1b 得到数据支持。从表 3-35 可以看出,模型三对晋升解释力度要优于模型一,对晋升变异的解释由原来的 16.6% 增加到 18.9%,增加了 2.3%,并且 F 值在 0.001 的水平下显著。同时,组织支持对晋升的标准化回归系数 β 值为 0.158(p<0.001),大于 0。以上分析表明,在控制了人口统计学变量后,女性高层次人才组织支持对晋升有显著的正向影响,即组织支持越强,其晋升次数越多。假设 H3b 得到数据支持。从表 3-35 还可以看出,模型四对晋升解释力度要优于模型一,对晋升变异的解释由原来的 16.6% 增加到 19.1%,增加了 2.5%,并且 F 值在 0.001 的水平下显著。同时,关系资本对晋升的标准化回归系数 β 值为 0.165(p<0.001),大于 0。以上分析表明,在控制了人口统计学变量后,女性高层次人才关系资本对晋升有显著的正向影响,即拥有的关系资本越多,其晋升次数越多。假设 H5b 得到数据支持。

三、自变量与女性高层次人才主观职业成功

(一)自变量对女性高层次人才主观职业成功的影响

为了检验女性高层次人才人力资本、组织支持、关系资本对

主观职业成功的影响,本部分共建立了四个回归模型。首先,在模型一中进行控制变量对因变量——主观职业成功的回归;其次,在模型一的基础上,在模型二中加入自变量——人力资本,建立控制变量和人力资本对主观职业成功的回归模型;再次,在模型一的基础上,在模型三中加入自变量——组织支持,建立控制变量和组织支持对主观职业成功的回归模型;最后,在模型一的基础上,在模型四中加入自变量——关系资本,建立控制变量和关系资本对主观职业成功的回归模型。通过观察 ΔR^2 的显著性来检验人力资本、组织支持与关系资本对主观职业成功的影响(见表3-36)。

表3-36　自变量对女性高层次人才主观职业成功的回归分析

变量	因变量:主观职业成功							
	模型一		模型二		模型三		模型四	
	β 值	t 值	β 值	t 值	β 值	t 值	β 值	t 值
控制变量:								
年龄:Age1	−0.279*	−2.223	−0.285*	−2.255	−0.275**	−2.834	−0.393**	−3.359
Age2	−0.417*	−2.372	−0.422*	−2.393	−0.470**	−3.456	−0.594***	−3.623
Age3	−0.436**	−2.743	−0.438**	−2.751	−0.443***	−3.592	−0.610***	−4.110
Age4	−0.305*	−2.282	−0.306*	−2.283	−0.353**	−3.405	−0.462***	−3.696
Age5	−0.254*	−2.193	−0.258*	−2.220	−0.258**	−2.876	−0.359**	−3.326
婚姻状况:Mar1	0.033	0.220	0.042	0.277	0.103	0.882	−0.088	−0.627
Mar2	0.073	0.509	0.080	0.557	0.168	1.517	−0.017	−0.131
工作年限:Ten1	0.022	0.195	0.030	0.265	0.148	1.713	0.085	0.820
Ten2	0.005	0.030	0.014	0.087	0.170	1.331	0.071	0.467
Ten3	−0.004	−0.028	0.003	0.026	0.125	1.247	0.066	0.548
Ten4	0.058	0.428	0.065	0.478	0.202	1.923	0.121	0.965
Ten5	0.061	0.521	0.067	0.572	0.109	1.209	0.093	0.863

续表

变量	因变量:主观职业成功							
	模型一		模型二		模型三		模型四	
	β值	t值	β值	t值	β值	t值	β值	t值
自变量:								
人力资本			-0.019	-0.444				
组织支持					0.633***	19.654		
关系资本							0.379***	9.790
F值	1.372		1.280		31.826***		8.848***	
R²	0.028		0.028		0.418		0.166	
调整 R²	0.008		0.006		0.405		0.148	
ΔR²			-0.002		0.397		0.14	

注:*** 表示在 0.001 水平下显著,** 表示在 0.01 水平下显著,* 表示在 0.05 水平下显著。

表 3-36 中的模型一主要分析了人口统计学变量对女性高层次人才主观职业成功的影响,其中年龄对于女性高层次人才的主观职业成功产生了显著影响。婚姻状况与工作年限对女性高层次人才主观职业成功影响不显著。模型一的调整 R^2 为 0.008,表明人口统计学变量解释了主观职业成功变异的 0.8%。模型二是在模型一的基础上加入了人力资本这一自变量,从表 3-36 可以看出,模型二对主观职业成功解释力度弱于模型一,对主观职业成功变异的解释由原来的 0.8% 减少到 0.6%,减少了 0.2%,并且 F 值在 0.05 的水平下不显著。以上分析表明,在控制了人口统计学变量后,女性高层次人才人力资本对主观职业成功没有显著的正向影响。假设 H2 没有得到数据支持。从表 3-36 还可以看出,模型三对主观职业成功解释力度要优于模型一,对主观职业成功变异的解释由原来的 0.8% 增加到 40.5%,增加了 39.7%,并且 F 值在 0.001 的水平下显著。同

时,组织支持对主观职业成功的标准化回归系数 β 值为 0.633（p<0.001）,大于 0。以上分析表明,在控制了人口统计学变量后,女性高层次人才组织支持对主观职业成功有显著的正向影响,即组织支持越强,其主观职业成功次数越多。假设 H4 得到数据支持。从表 3-36 可以看出,模型四对主观职业成功解释力度要优于模型一,对主观职业成功变异的解释由原来的 0.8% 增加到 14.8%,增加了 14%,并且 F 值在 0.001 的水平下显著。同时,关系资本对主观职业成功的标准化回归系数 β 值为 0.379（p<0.001）,大于 0。以上分析表明,在控制了人口统计学变量后,女性高层次人才关系资本对主观职业成功有显著的正向影响,即主动构建的关系资本越强,其越易获得主观职业成功。假设 H6 得到数据支持。

（二）自变量对女性高层次人才职业满意度的影响

为了检验女性高层次人才人力资本、组织支持、关系资本对职业满意度的影响,本部分共建立了四个回归模型。首先,在模型一中进行控制变量对因变量——职业满意度的回归;其次,在模型一的基础上,在模型二中加入自变量——人力资本,建立控制变量和人力资本对职业满意度的回归模型;再次,在模型一的基础上,在模型三中加入自变量——组织支持,建立控制变量和组织支持对职业满意度的回归模型;最后,在模型一的基础上,在模型四中加入自变量——关系资本,建立控制变量和关系资本对职业满意度的回归模型。通过观察 ΔR^2 的显著性来检验人力资本、组织支持与关系资本对职业满意度的影响（见表 3-37）。

表 3-37　自变量对女性高层次人才职业满意度的回归分析

变量	因变量：职业满意度							
	模型一		模型二		模型三		模型四	
	β 值	t 值	β 值	t 值	β 值	t 值	β 值	t 值
控制变量：								
年龄：Age1	−0.203	−1.613	−0.194	−1.535	−0.200	−1.837	−0.303*	−2.538
Age2	−0.305	−1.736	−0.298	−1.690	−0.348*	−2.284	−0.461**	−2.759
Age3	−0.164	−1.029	−0.161	−1.012	−0.169	−1.224	−0.317*	−2.093
Age4	−0.160	−1.196	−0.160	−1.191	−0.198	−1.707	−0.298*	−2.339
Age5	−0.169	−1.456	−0.163	−1.397	−0.172	−1.713	−0.261*	−2.373
婚姻状况：Mar1	0.119	0.789	0.105	0.692	0.175	1.334	0.013	0.088
Mar2	0.052	0.363	0.041	0.282	0.128	1.028	−0.027	−0.203
工作年限：Ten1	−0.090	−0.806	−0.102	−0.904	0.010	0.107	−0.034	−0.326
Ten2	−0.122	−0.739	−0.136	−0.818	0.009	0.064	−0.063	−0.407
Ten3	−0.121	−0.935	−0.132	−1.009	−0.019	−0.168	−0.060	−0.489
Ten4	−0.056	−0.414	−0.067	−0.491	0.058	0.494	0.000	−0.004
Ten5	−0.034	−0.296	−0.044	−0.377	0.004	0.039	−0.006	−0.053
自变量：								
人力资本			0.029	0.671				
组织支持					0.502***	13.928		
关系资本							0.334***	8.448
F 值	1.247		1.185		16.458***		6.781***	
R²	0.025		0.026		0.271		0.133	
调整 R²	0.005		0.004		0.254		0.113	
ΔR²			−0.001		0.249		0.108	

注：*** 表示在 0.001 水平下显著，** 表示在 0.01 水平下显著，* 表示在 0.05 水平下显著。

表 3-37 中的模型一主要分析了人口统计学变量对女性高层次人才职业满意度的影响，其中年龄、婚姻状况与工作年限对女性高层次人才职业满意度影响不显著。模型一的调整 R^2 为 0.005，表明人口统计学变量解释了职业满意度变异的 0.5%。

模型二是在模型一的基础上加入了人力资本这一自变量,从表3-37可以看出,模型二对职业满意度解释力度弱于模型一,对职业满意度变异的解释由原来的 0.5% 减少到 0.4%,减少了 0.1%,并且 F 值在 0.05 的水平下不显著。以上分析表明,在控制了人口统计学变量后,女性高层次人才人力资本对职业满意度没有显著的正向影响。假设 H2a 没有得到数据支持。从表3-37 还可以看出,模型三对职业满意度解释力度要优于模型一,对职业满意度变异的解释由原来的 0.5% 增加到 25.4%,增加了 24.9%,并且 F 值在 0.001 的水平下显著。同时,组织支持对职业满意度的标准化回归系数 β 值为 0.502(p<0.001),大于0。以上分析表明,在控制了人口统计学变量后,女性高层次人才组织支持对职业满意度有显著的正向影响,即组织支持越强,其职业满意度越高。假设 H4a 得到数据支持。从表3-37 可以看出,模型四对职业满意度解释力度要优于模型一,对职业满意度变异的解释由原来的 0.5% 增加到 11.3%,增加了 10.8%,并且 F 值在 0.001 的水平下显著。同时,关系资本对职业满意度的标准化回归系数 β 值为 0.334(p<0.001),大于0。以上分析表明,在控制了人口统计学变量后,女性高层次人才关系资本对职业满意度有显著的正向影响,即关系资本越强,其职业满意度越高。假设 H6a 得到数据支持。

(三)自变量对女性高层次人才工作满意度的影响

为了检验女性高层次人才人力资本、组织支持、关系资本对工作满意度的影响,本部分共建立了四个回归模型。首先,在模型一中进行控制变量对因变量——工作满意度的回归;其次,在模型一的基础上,在模型二中加入自变量——人力资本,建立控制变量和人力资本对工作满意度的回归模型;再次,在模型一的基础上,在模型三中加入自变量——组织支持,建立控制变量和组织支持对工作满意度的回归模型;最后,在模型一的基础上,在模型四中加入自变量——关系资本,建立控制变量和关系资本对工作满意度的回归模型。通过观察 ΔR^2 的显著性来检验人力资本、组织支持与关系资本对工作满意度的影响(见表3-38)。

表3-38 自变量对女性高层次人才工作满意度的回归分析

变量	因变量:工作满意度							
	模型一		模型二		模型三		模型四	
	β值	t值	β值	t值	β值	t值	β值	t值
控制变量:								
年龄:Age1	-0.153	-1.218	-0.170	-1.353	-0.149	-1.584	-0.249*	-2.083
Age2	-0.236	-1.344	-0.251	-1.429	-0.292*	-2.216	-0.386*	-2.303
Age3	-0.269	-1.692	-0.274	-1.726	-0.275*	-2.309	-0.416**	-2.742
Age4	-0.146	-1.090	-0.147	-1.100	-0.195	-1.948	-0.278*	-2.180
Age5	-0.128	-1.110	-0.141	-1.216	-0.132	-1.527	-0.217*	-1.970
婚姻状况:Mar1	0.001	0.007	0.029	0.191	0.074	0.654	-0.101	-0.707
Mar2	0.029	0.206	0.052	0.364	0.129	1.201	-0.047	-0.346
工作年限:Ten1	-0.161	-1.447	-0.136	-1.206	-0.029	-0.347	-0.107	-1.018
Ten2	-0.245	-1.490	-0.216	-1.305	-0.073	-0.589	-0.189	-1.210
Ten3	-0.172	-1.328	-0.150	-1.152	-0.037	-0.383	-0.113	-0.919
Ten4	-0.140	-1.034	-0.118	-0.864	0.011	0.104	-0.086	-0.672
Ten5	-0.113	-0.970	-0.093	-0.791	-0.062	-0.714	-0.085	-0.773
自变量:								
人力资本			-0.059	-1.374				
组织支持					0.661***	21.192		
关系资本							0.321***	8.111
F值	1.496		1.528		37.000***		6.596***	

续表

变量	因变量:工作满意度							
	模型一		模型二		模型三		模型四	
	β 值	t 值	β 值	t 值	β 值	t 值	β 值	t 值
R^2	0.030		0.033		0.455		0.130	
调整 R^2	0.010		0.012		0.433		0.110	
ΔR^2			0.002		0.423		0.100	

注: *** 表示在 0.001 水平下显著, ** 表示在 0.01 水平下显著, * 表示在 0.05 水平下显著。

表 3-38 中的模型一主要分析了人口统计学变量对女性高层次人才工作满意度的影响,其中年龄、婚姻状况与工作年限对女性高层次人才工作满意度影响不显著。模型一的调整 R^2 为 0.010,表明人口统计学变量解释了工作满意度变异的 1%。模型二是在模型一的基础上加入了人力资本这一自变量,从表 3-38 可以看出,模型二对工作满意度解释力度要优于模型一,对工作满意度变异的解释由原来的 1% 增加到 1.2%,增加了 0.2%,但 F 值在 0.05 的水平下不显著。以上分析表明,在控制了人口统计学变量后,女性高层次人才人力资本对工作满意度没有显著的正向影响。假设 H2b 没有得到数据支持。从表 3-38 还可以看出,模型三对工作满意度解释力度要优于模型一,对工作满意度变异的解释由原来的 1% 增加到 43.3%,增加了 42.3%,并且 F 值在 0.001 的水平下显著。同时,组织支持对工作满意度的标准化回归系数 β 值为 0.661($p<0.001$),大于 0。以上分析表明,在控制了人口统计学变量后,女性高层次人才组织支持对工作满意度有显著的正向影响,即组织支持越强,其工作满意度越多。假设 H4b 得到数据支持。从表 3-38 可以看出,模型四对工作满意度解释力度要优于模型一,对工作满意

度变异的解释由原来的 1% 增加到 11%,增加了 10%,并且 F 值在 0.001 的水平下显著。同时,关系资本对工作满意度的标准化回归系数 β 值为 0.321(p<0.001),大于 0。以上分析表明,在控制了人口统计学变量后,女性高层次人才关系资本对工作满意度有显著的正向影响,即关系资本越强,其工作满意度越高。假设 H6b 得到数据支持。

(四)自变量对女性高层次人才工作家庭平衡的影响

为了检验女性高层次人才人力资本、组织支持、关系资本对工作家庭平衡的影响,本部分共建立了四个回归模型。首先,在模型一中进行控制变量对因变量——工作家庭平衡的回归;其次,在模型一的基础上,在模型二中加入自变量——人力资本,建立控制变量和人力资本对工作家庭平衡的回归模型;再次,在模型一的基础上,在模型三中加入自变量——组织支持,建立控制变量和组织支持对工作家庭平衡的回归模型;最后,在模型一的基础上,在模型四中加入自变量——关系资本,建立控制变量和关系资本对工作家庭平衡的回归模型。通过观察 ΔR^2 的显著性来检验人力资本、组织支持与关系资本对工作家庭平衡的影响(见表 3-39)。

表 3-39　自变量对女性高层次人才工作家庭平衡的回归分析

变量	因变量:工作家庭平衡							
	模型一		模型二		模型三		模型四	
	β 值	t 值	β 值	t 值	β 值	t 值	β 值	t 值
控制变量:								
年龄:Age1	-0.254*	-2.050	-0.194*	-1.535	-0.253*	-2.083	-0.301*	-2.450

续表

变量	因变量:工作家庭平衡							
	模型一		模型二		模型三		模型四	
	β值	t值	β值	t值	β值	t值	β值	t值
Age2	-0.368*	-2.121	-0.298*	-1.690	-0.385*	-2.266	-0.442*	-2.563
Age3	-0.550***	-3.503	-0.161***	-1.012	-0.552***	-3.589	-0.622***	-3.985
Age4	-0.373**	-2.829	-0.160**	-1.191	-0.389**	-3.005	-0.439**	-3.338
Age5	-0.261*	-2.282	-0.163*	-1.397	-0.262*	-2.340	-0.304**	-2.684
婚姻状况:Mar1	-0.066	-0.445	0.105	0.692	-0.044	-0.301	-0.117	-0.792
Mar2	0.078	0.553	0.041	0.282	0.109	0.785	0.040	0.289
工作年限:Ten1	0.324**	2.949	-0.102**	-0.904	0.364**	3.377	0.350**	3.221
Ten2	0.409*	2.521	-0.136*	-0.818	0.462**	2.899	0.437**	2.722
Ten3	0.313*	2.452	-0.132*	-1.009	0.354**	2.827	0.342**	2.708
Ten4	0.347*	2.597	-0.067*	-0.491	0.393**	2.996	0.373**	2.825
Ten5	0.299**	2.605	-0.044**	-0.377	0.315**	2.796	0.313**	2.755
自变量:								
人力资本			-0.019	-0.444				
组织支持					0.203***	5.036		
关系资本							0.158***	3.888
F值	2.727**		2.529**		4.574***		3.742***	
R^2	0.054		0.054		0.094		0.078	
调整R^2	0.034		0.033		0.073		0.057	
ΔR^2			-0.001		0.039		0.023	

注:*** 表示在 0.001 水平下显著,** 表示在 0.01 水平下显著,* 表示在 0.05 水平下显著。

表3-39 中的模型一主要分析了人口统计学变量对女性高层次人才工作家庭平衡的影响,其中年龄与工作年限对女性高层次人才的工作家庭平衡产生了显著影响。婚姻状况对女性高层次人才工作家庭平衡影响不显著。模型一的调整 R^2 为 0.034,表明人口统计学变量解释了工作家庭平衡变异的 3.4%。

模型二是在模型一的基础上加入了人力资本这一自变量,从表3-39可以看出,模型二对工作家庭平衡解释力度弱于模型一,对工作家庭平衡变异的解释由原来的3.4%减少到3.3%,减少了0.1%,并且F值在0.05的水平下不显著。以上分析表明,在控制了人口统计学变量后,女性高层次人才人力资本对工作家庭平衡没有显著的正向影响。假设H2c没有得到数据支持。从表3-39还可以看出,模型三对工作家庭平衡解释力度要优于模型一,对工作家庭平衡变异的解释由原来的3.4%增加到7.3%,增加了3.9%,并且F值在0.001的水平下显著。同时,组织支持对工作家庭平衡的标准化回归系数β值为0.203(p<0.001),大于0。以上分析表明,在控制了人口统计学变量后,女性高层次人才组织支持对工作家庭平衡有显著的正向影响,即组织支持越强,其感知到的工作家庭冲突越少。假设H4c得到数据支持。从表3-39可以看出,模型四对工作家庭平衡解释力度要优于模型一,对工作家庭平衡变异的解释由原来的3.4%增加到5.7%,增加了2.3%,并且F值在0.001的水平下显著。同时,关系资本对工作家庭平衡的标准化回归系数β值为0.158(p<0.001),大于0。以上分析表明,在控制了人口统计学变量后,女性高层次人才关系资本对工作家庭平衡有显著的正向影响,即关系资本越强,其感知到的工作家庭冲突越少。假设H6c得到数据支持。

四、分析结果与讨论

人力资本、组织支持与关系资本对职业成功的影响共建立了21个假设,根据实证检验结果判定其中有17个假设成立,4

个假设不成立,具体检验结果如表3-40所示。

表3-40　自变量对女性高层次人才职业成功假设检验结果汇总

假设	假设内容	结果
H1	人力资本对女性高层次人才客观职业成功具有正向影响	成立
H1a H1b	人力资本对女性高层次人才薪酬具有显著正向影响 人力资本对女性高层次人才晋升具有显著正向影响	成立 成立
H2	人力资本对女性高层次人才主观职业成功具有正向影响	不成立
H2a H2b H2c	人力资本对女性高层次人才职业满意度具有显著正向影响 人力资本对女性高层次人才工作满意度具有显著正向影响 人力资本对女性高层次人才工作家庭平衡具有显著正向影响	不成立 不成立 不成立
H3	组织支持对女性高层次人才客观职业成功具有正向影响	成立
H3a H3b	组织支持对女性高层次人才薪酬具有显著正向影响 组织支持对女性高层次人才晋升具有显著正向影响	成立 成立
H4	组织支持对女性高层次人才主观职业成功具有正向影响	成立
H4a H4b H4c	组织支持对女性高层次人才职业满意度具有显著正向影响 组织支持对女性高层次人才工作满意度具有显著正向影响 组织支持对女性高层次人才工作家庭平衡具有显著正向影响	成立 成立 成立
H5	关系资本对女性高层次人才客观职业成功具有正向影响	成立
H5a H5b	关系资本对女性高层次人才薪酬具有显著正向影响 关系资本对女性高层次人才晋升具有显著正向影响	成立 成立
H6	关系资本对女性高层次人才主观职业成功具有正向影响	成立
H6a H6b H6c	关系资本对女性高层次人才职业满意度具有显著正向影响 关系资本对女性高层次人才工作满意度具有显著正向影响 关系资本对女性高层次人才工作家庭平衡具有显著正向影响	成立 成立 成立

（一）人力资本对女性高层次人才职业成功及其各维度的影响

1. 人力资本对女性高层次人才客观职业成功的直接影响

本书的实证检验结果支持假设H1,即女性高层次人才的人力资本直接正向影响其客观职业成功（β＝0.091，Sig.＝0.016）。人力资本对个体的职业发展与客观职业成功存在正向影响，是个体获得客观职业成功的有力保证（郭文臣，2014）。研究结果表明：女性高层次人才人力资本是其客观职业成功的重要影响因素，提升女性高层次人才人力资本可以促进个体职业发展与客观职业成功，即假设 H1 成立。

2. 人力资本对女性高层次人才薪酬的直接影响

本书的实证检验结果支持假设 H1a，即女性高层次人才的人力资本直接正向影响其薪酬水平（β＝0.187，Sig.＝0.000）。人力资本对个体薪酬存在正向影响，是个体获得较高薪酬的有力保证（周文霞，2010）。研究结果表明：女性高层次人才人力资本是其薪酬水平的重要影响因素，提升女性高层次人才人力资本可以促进个体获得较高的薪酬水平，即假设 H1a 成立。

3. 人力资本对女性高层次人才晋升的直接影响

本书的实证检验结果支持假设 H1b，即女性高层次人才的人力资本直接正向影响其晋升（β＝0.067，Sig.＝0.049）。人力资本对个体的晋升存在正向影响，是个体获得晋升的有力保证（周文霞，2010）。研究结果表明：女性高层次人才人力资本是其晋升的重要影响因素，提升女性高层次人才人力资本可以促进个体职业发展与晋升，即假设 H1b 成立。

4. 人力资本对女性高层次人才主观职业成功的直接影响

本书的实证检验结果不支持假设 H2，即女性高层次人才的人力资本对其主观职业成功没有显著影响（β＝－0.019，Sig.＝0.65＞0.05）。人力资本对个体的主观职业成功没有正向影响。

研究结果表明:女性高层次人才人力资本并不影响个体对主观职业成功的感知,即假设 H2 不成立。

5.人力资本对女性高层次人才职业满意度的直接影响

本书的实证检验结果不支持假设 H2a,即女性高层次人才的人力资本对其职业满意度没有显著影响(β = 0.029,Sig. = 0.502>0.05)。人力资本对个体的职业满意度没有正向影响。研究结果表明:女性高层次人才人力资本并不影响个体对职业满意度的感知,即假设 H2a 不成立。

6.人力资本对女性高层次人才工作满意度的直接影响

本书的实证检验结果不支持假设 H2b,即女性高层次人才的人力资本对其工作满意度没有显著影响(β = -0.059,Sig. = 0.170>0.05)。人力资本对个体的工作满意度没有正向影响。研究结果表明:女性高层次人才人力资本并不影响个体对工作满意度的感知,即假设 H2b 不成立。

7.人力资本对女性高层次人才工作家庭平衡的直接影响

本书的实证检验结果不支持假设 H2c,即女性高层次人才的人力资本对其工作家庭平衡没有显著影响(β = -0.019,Sig. = 0.657>0.05)。人力资本对个体的工作家庭平衡没有正向影响。研究结果表明:女性高层次人才人力资本并不能有效缓解个体工作家庭冲突,即假设 H2c 不成立。

(二)组织支持对女性高层次人才职业成功及其各维度的影响

1.组织支持对女性高层次人才客观职业成功的直接影响

本书的实证检验结果支持假设 H3,即女性高层次人才的组织支持直接正向影响其客观职业成功（β = 0.157，Sig. = 0.000）。组织支持对个体的职业发展与客观职业成功存在正向影响，是个体获得客观职业成功的有力保证。研究结果表明：女性高层次人才组织支持是其客观职业成功的重要影响因素，提升女性高层次人才组织支持可以促进个体职业发展与客观职业成功，即假设 H3 成立。

2. 组织支持对女性高层次人才薪酬的直接影响

本书的实证检验结果支持假设 H3a，即女性高层次人才的组织支持直接正向影响其薪酬水平（β = 0.112，Sig. = 0.003）。组织支持对个体薪酬存在正向影响，是个体获得较高薪酬的有力保证。研究结果表明：女性高层次人才组织支持是其薪酬水平的重要影响因素，提升女性高层次人才组织支持可以促进个体获得较高的薪酬水平，即假设 H3a 成立。

3. 组织支持对女性高层次人才晋升的直接影响

本书的实证检验结果支持假设 H3b，即女性高层次人才的组织支持直接正向影响其晋升（β = 0.158，Sig. = 0.000）。组织支持对个体的晋升存在正向影响，是个体获得晋升的有力保证。研究结果表明：女性高层次人才组织支持是其晋升的重要影响因素，提升女性高层次人才组织支持可以促进个体职业发展与晋升，即假设 H3b 成立。

4. 组织支持对女性高层次人才主观职业成功的直接影响

本书的实证检验结果支持假设 H4，即女性高层次人才的组织支持直接正向影响其主观职业成功（β = 0.663，Sig. = 0.000）。组织支持对个体的主观职业成功存在正向影响，是个体获得主观职业成功的有力保证。研究结果表明：女性高层次人才组织支持是其获得主观职业成功的重要影响因素,提升女性高层次人才组织支持可以促进个体获得主观职业成功,即假设 H4 成立。

5. 组织支持对女性高层次人才职业满意度的直接影响

本书的实证检验结果支持假设 H4a,即女性高层次人才的组织支持直接正向影响其职业满意度($\beta = 0.502$, Sig. $= 0.000$)。组织支持对个体的职业满意度存在正向影响。研究结果表明:女性高层次人才组织支持是个体获得职业满意度的重要影响因素,提升女性高层次人才组织支持可以促进个体职业满意度,即假设 H4a 成立。

6. 组织支持对女性高层次人才工作满意度的直接影响

本书的实证检验结果支持假设 H4b,即女性高层次人才的组织支持直接正向影响其工作满意度($\beta = 0.661$, Sig. $= 0.000$)。组织支持对个体的工作满意度存在正向影响,研究结果表明:女性高层次人才组织支持是个体获得工作满意度的重要影响因素,提升女性高层次人才组织支持可以促进个体工作满意度,即假设 H4b 成立。

7. 组织支持对女性高层次人才工作家庭平衡的直接影响

本书的实证检验结果支持假设 H4c,即女性高层次人才的组织支持直接正向影响其工作家庭平衡($\beta = 0.203$, Sig. $= 0.000$)。组织支持对个体的工作家庭平衡存在正向影响。研究结果表明:女性高层次人才组织支持是个体获得工作家庭平衡的重要影响因素,提升女性高层次人才组织支持可以促进个体工作家庭平衡,即假设 H4c 成立。

（三）关系资本对女性高层次人才职业成功及其各维度的影响

1. 关系资本对女性高层次人才客观职业成功的直接影响

本书的实证检验结果支持假设 H5，即女性高层次人才的关系资本直接正向影响其客观职业成功（$\beta = 0.191$，Sig. $= 0.000$）。关系资本对个体的职业发展与客观职业成功存在正向影响，是个体获得客观职业成功的有力保证。研究结果表明：女性高层次人才关系资本是其客观职业成功的重要影响因素，提升女性高层次人才关系资本可以促进个体职业发展与客观职业成功，即假设 H5 成立。

2. 关系资本对女性高层次人才薪酬的直接影响

本书的实证检验结果支持假设 H5a，即女性高层次人才的关系资本直接正向影响其薪酬水平（$\beta = 0.157$，Sig. $= 0.000$）。关系资本对个体薪酬存在正向影响，是个体获得较高薪酬的有力保证。研究结果表明：女性高层次人才关系资本是其薪酬水平的重要影响因素，提升女性高层次人才关系资本可以促进个体获得较高的薪酬水平，即假设 H5a 成立。

3. 关系资本对女性高层次人才晋升的直接影响

本书的实证检验结果支持假设 H5b，即女性高层次人才的关系资本直接正向影响其晋升（$\beta = 0.165$，Sig. $= 0.000$）。关系资本对个体的晋升存在正向影响，是个体获得晋升的有力保证。研究结果表明：女性高层次人才关系资本是其晋升的重要影响因素，提升女性高层次人才关系资本可以促进个体职业发展与晋升，即假设 H5b 成立。

4. 关系资本对女性高层次人才主观职业成功的直接影响

本书的实证检验结果支持假设 H6,即女性高层次人才的关系资本直接正向影响其主观职业成功($\beta = 0.379$,Sig. $= 0.000$)。关系资本对个体的主观职业成功存在正向影响,是个体获得主观职业成功的有力保证。研究结果表明:女性高层次人才关系资本是其获得主观职业成功的重要影响因素,提升女性高层次人才关系资本可以促进个体获得主观职业成功,即假设 H6 成立。

5. 关系资本对女性高层次人才职业满意度的直接影响

本书的实证检验结果支持假设 H6a,即女性高层次人才的关系资本直接正向影响其职业满意度($\beta = 0.334$,Sig. $= 0.000$)。关系资本对个体的职业满意度存在正向影响,研究结果表明:女性高层次人才关系资本是个体获得职业满意度的重要影响因素,提升女性高层次人才关系资本可以促进个体职业满意度,即假设 H6a 成立。

6. 关系资本对女性高层次人才工作满意度的直接影响

本书的实证检验结果支持假设 H6b,即女性高层次人才的关系资本直接正向影响其工作满意度($\beta = 0.321$,Sig. $= 0.000$)。关系资本对个体的工作满意度存在正向影响,研究结果表明:女性高层次人才关系资本是个体获得工作满意度的重要影响因素,提升女性高层次人才关系资本可以促进个体工作满意度,即假设 H6b 成立。

7. 关系资本对女性高层次人才工作家庭平衡的直接影响

本书的实证检验结果支持假设 H6c,即女性高层次人才的关系资本直接正向影响其工作家庭平衡($\beta = 0.158$,Sig. $=$

0.000)。关系资本对个体的工作家庭平衡存在正向影响。研究结果表明:女性高层次人才关系资本是个体获得工作家庭平衡的重要影响因素,提升女性高层次人才关系资本可以促进个体工作家庭平衡,即假设 H6c 成立。

第四章　对策与建议

推动女性高层次人才的职业成功,必须立足于经济的全球化,与市场经济发展需要相适应,从观念、体制、机制、环境以及人才培养、引进、使用、稳定、配置等诸多方面采取措施,充分发挥政府的调控引导作用、组织的用人主体作用和高校的人才培养作用,努力创造女性高层次人才脱颖而出和发挥作用的环境。

第一节　政府层面:环境、政策、资金

一、营造有利于女性高层次人才成长的社会环境

(一)加大宣传引导力度

政府要高度重视对女性高层次人才的宣传与引导工作,真正树立"人才资源是第一资源"的观念,营造"尊重知识、尊重人才"的浓厚氛围,将"引资"与"引智""物资"与"智力"投入、"培养"与"使用"放在同等重要的高度。通过宣传与正确的引导,

改变过去社会上存在那种"任人唯亲、唯私"的观念，"枪打出头鸟""论资排辈"的传统思想。通过建立公平、开放、平等、择优的竞争环境，让那些有能力、有胆识、有魄力的女性高层次人才脱颖而出。国家与各级政府要充分利用各种传播媒体与新闻媒介大力宣传男女平等的思想观念，营造尊重女性的社会氛围；通过各种途径让全社会认识到对女性存在的性别偏见及其对女性人才成长的危害，纠正对"女强人"形象的误读，根除性别歧视的现象，加大女性就业权益的保护力度。在扩大政策宣传方面，考虑采取以下措施。

从苏州、杭州、无锡来看，三地都已创建专门的高层次人才服务网站，如苏州的姑苏人才计划服务网、杭州的杭州海外人才网、无锡的中国530创业服务网。这些网站将项目对接信息、办事指南、优惠政策、申报计划等各种资讯整合汇聚在一起，重点突出、查看便捷，在一定程度上放大了政策优势。其他省份与地区女性高层次人才信息发布没有形成集中的网络平台，一般都零散地发布在职能部门的网站上，这在一定程度上弱化了人才政策的综合效应。建议以人事人才网为依托，建立"女性高层次人才网"，整合网络资源，加大对女性高层次人才政策的宣传力度，把引才、育才、用才、留才作为加快推进经济发展的重大战略任务抓好做实。

（二）加大海外引才宣传

在国家"一带一路"倡议引导下，立足北美人才引进联络站，进一步发挥海外华人社团、留学生组织、国家驻外机构在对外人才交流方面的牵头作用，更大渠道、更深程度地挖掘海外女

性高层次人才。充分发挥海外华侨华人爱国爱乡的优势,积极地引进海外女性高层次人才回国创业就业。

(三)创新宣传模式

在制定宣传策略时,既要注重宣传女性高层次人才引进的各项政策措施,也要宣传区域的人文优势、气候优势,更要有针对性地宣传地区经济社会发展优势、创新创业环境优势、女性高层次人才创新创业的典型事例,使外界增强对女性高层次人才政策的认识和了解。

二、理顺女性高层次人才工作机制

通过制定女性高层次人才向企业流动的柔性倾斜政策,运用市场机制的资源配置作用,引导女性高层次人才向企业合理流动,为企业造就一大批优秀的科研人才,使企业获得人才与效益的"双赢"。通过建立完备的法律与规范,对女性高层次人才的合法权益,如股票期权、知识产权等进行有效的保护,对企业竞业禁止、违约补偿等问题进行有效监管。

充分发挥财政政策的导向作用,积极引导和扶持企业的发展,让企业成为投入的主体,促进科技成果产业化,为女性高层次人才作用的发挥提供更好的平台。在政策的导向上,首先,应加强对企业的资金扶持,如建立企业发展资金、科技创新资金、技改贴息资金等,推进中小企业产业升级和结构调整。其次,充分发挥财政资金引导示范作用,鼓励和支持担保机构为企业提供担保,扩大金融机构对企业的信贷规模,缓解中小企业融资难的问题。再次,创立风险投资基金,鼓励和吸引更多的海外和民间雄厚的资本投资,充分调动行业协会、专业组织投资高层次人才发展的积极性,发挥其专业性和公益性特点,通过基金会、资格认证等形式,在急需紧缺的高层次人才培训和引进上发挥作用。最后,通过所得税、房产税和研发费用加计扣除等,鼓励科技园区、企业和个人科技创业创新,提高企业教育经费提取比例,加大职工培训经费规模,引入竞争机制,培训项目逐步实行招投标。通过政策的作用,充分发挥企业在女性高层次人才投入上的积极性和主动性,逐步引导企业主动争才引才,让女性高层次人才能引得来、留得住,为经济和社会发展作出贡献。

三、制定专项引才计划,完善女性高层次人才的相关政策

根据各地方的省情,制定具有比较优势的专项引才计划和重点领域的女性高层次人才集聚专项政策,形成产业特色和后发优势,进一步加大引进人才的步伐。利用地区在经济、科技教育、文化卫生等各个领域交流的渠道,进一步发挥海外引进人才联络站、海外华人社团、留学生组织、国家驻外机构在对外人才交流方面的牵头作用,在更大的范围、更广的领域吸引海外女性高层次人才。

除现有的相关政策外,各地区应根据形势变化,围绕构建人才高地的目标,出台一系列政策。如更加开放的人才国际化政策、人才资本优先积累的投入政策、人才脱颖而出的激励政策、女性高层次人才服务政策等。除完善解决女性高层次人才在科研、住房、医疗、工资、保险以及子女教育、家属就业等现有的保障性服务政策外,还应当建立人才服务政府购买制度,支持民营人才中介机构的发展,探索人才中介机构产业化发展方向,积极

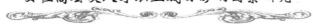

引进中外合资人才中介机构,为急需的女性高层次人才提供高级人才猎头、人才测评、人力资源咨询等服务,制定促进人才服务产业化发展的相关政策。

政策主管部门、行业协会、人才培养机构、企业共同制定女性高层次人才评价标准,通过建立四方联动机制,不断完善女性高层次人才评价体系;积极发展企业经营管理人才评价机构,建立社会化的职业经理人资质评价制度,针对本行业、企业自身的特点,调整人才评价的相应指标与权重,真正体现女性高层次人才的技术与技能水平,公正客观地评价女性高层次人才的工作绩效。

四、创新促进女性高层次人才发展的机制

建立以学术和创新绩效为主导的资源配置、学术发展模式与科研管理制度。探索建立人才开发与经济发展高度融合的人才引进、培养、使用制度,促进成果转化。政府应围绕重大创新工程项目、重点学科和科研基地,引进一批国内外享有一定知名度的学科带头人和高新技术创业带头人。每年评选有发展前景的海外女性高层次人才创业项目并给予资助,建设海外人才创新创业基地;各级主管部门要主动为女性高层次人才创业搭建服务平台,构建产业与市场扫描支撑系统,多角度全方面地优化女性高层次人才创业环境。明确各级职能部门的权利和义务,避免出现职能缺位、越位和交叉管理现象的出现,构筑纵向到底、横向到边的女性高层次人才管理新格局。瞄准具有国际竞争力和科技成长型企业的建设,培养造就一支职业化、现代化、国际化的创新型女性企业家队伍;实施创新型女性科技领军人

才、青年英才培养工程,以战略性新兴产业为重点,在国内外招募培养不同层次的女性拔尖人才,为后续建设提供女性高层次人才梯队。

设定公平合理的退休年龄线。退休政策是女性高层次人才步入职业高原、职业生涯受挤压的主因。51—55岁恰好是女性高层次人才职业成就期,副高以下职称女性高层次人才55岁退休的政策将降低女性自身的职业期望,不仅影响女性高层次人才的实际利益,也影响科技工作者群体职业效能的发挥与整体科技生产力的提升,更人为造成了两性在职称、收入以及人力资源开发科技、创造力发挥上的差距。故建议,调整高层次人才的退休年龄政策,延长女性高层次人才的退休年龄,制定男女高层次人才平等的退休政策。对于50—60岁的女性,尤其是有突出贡献的女性自主选择退休的年龄,延长女性人才的职业周期,发挥她们的人力资本优势与作用。

五、加大对女性高层次人才培养的投资力度

"十年树木,百年树人",各级政府要逐步增加教育投入,特别是要加强对女性劳动者的投入力度。建立各种教育宣传栏,在为农村孩子增加教育投入的同时,确保女孩得到公平的教育机会。通过发展各种形式的社会化家庭服务,将陷入家庭"围城"的女性真正解放出来,冲破樊篱,为女性扫除人力资本投资障碍,使女性能够从"男性主宰"的社会文化格局中脱颖而出,成为新时代成功女性的典范。

政府要加大培训投资的比重,实现投资结构的战略调整。把由重生产性投资和项目投资,转向对人才资源的超前性投资,

这将有利于人才资源有效地转化为经济资本。另外,还可以通过国家扶持、地方财政拨款、企业社会资助、国外捐赠等各种途径,建立女性高层次人才发展基金,用于资助国内外急需高层次人才的引进;资助优秀女性青年人才从事科技项目研究;资助优秀女性拔尖人才出国进修深造;奖励在女性高层次人才培养、引进、举荐等方面有贡献的单位和个人以及为经济建设作出重大贡献的优秀性高层次人才。

对于女性高层次人才来说,若工资待遇、工作环境等保健因素不能够得到满足,就难以吸引人才的流入。因此,各级地方政府用于人才发展支出财政预算的增长幅度,应高于同级财政经常性收入的增长幅度。人才经费重点用于支持高端、高技能、紧缺性劳动者的培养和引进。同时,可以考虑出台女性高层次人才专项资金管理办法,从制度上加以规范,加强对女性高层次人才发展专项资金的分配、使用等环节的规范管理,切实提高女性高层次人才发展投资效益和带动效应。另外,根据地方经济发展和产业结构的调整要求,建议将引进紧缺急需的优秀女性高层次人才条件适当降低,并将这一部分的投入金额适当调高一些。

第二节 组织层面:制度、文化

一、建立学习型组织,为女性高层次人才提供施展才华的舞台

要为女性高层次人才提供更好的职业发展平台,建立女性高层次人才能力发展机制。以促进女性高层次人才能力发展为目的的学习型组织的建立,需要围绕"以能力发展为中心"的组织学习愿景,激发组织学习活力、增强组织学习沟通力、加快组织学习反应能力。

(一)激发组织学习的活力

只有一个具有较高学习活力的组织才能将女性高层次人才的学习活力全部激发出来,才能提高整个组织学习的效率。整个组织的学习效率提高了,劳动者的工作效率也就提高了。企业需要创造自主的学习环境和学习制度,多元化学习模式调动学习积极性、活跃学习氛围,将组织的阶段性学习目标与整个行业的技术发展相结合。

(二)增强组织学习的沟通力

集体的智慧源于沟通,企业组织学习效率和效果受到组织中高层次人才之间知识和信息的沟通效果的影响。良好的沟通可以成倍地放大组织学习的效果,因此,增强组织沟通力是提升组织学习效率的重要组成部分。具体做法:一是优化企业内部信息系统。二是建立知识库,将各个领域的研究资料、发展趋势和最佳实践案例录入其中,同时将女性高层次人才的建议存入知识库。三是建立深度会谈和讨论制度。鼓励女性高层次人才就生产中遇到的技术难题进行激烈讨论,在讨论的思维碰撞中,获得解决难题的灵感。四是形成报告机制,采用定期或不定期集体报告的形式与团队其他成员共享和探讨技术问题。

（三）提高组织学习反应能力

能力发展是开放式的发展，绝不是闭门造车。组织对外界知识、科技的需求，以及最新研究成果的反应能力对提升女性高层次人才的能力有着至关重要的作用。女性高层次人才只有不断与外界沟通，积极学习新知识和技能，才能将潜能激发出来。可以采用以下方法来提高组织学习反应能力：通过引进先进技术设备、与国外企业项目合作等方式提高组织对外界变化的反应能力。在组织女性高层次人才学习时，注重培养她们的快速反应能力，提高她们对新知识、新需求的敏感度。积极组织女性高层次人才参与对外访问、交流等学术活动。

二、加强组织支持力度，提供职业发展机会

女性高层次人才是企业可持续发展的动力与引擎。企业要坚持以人为本，在工作上支持她们，在生活上关怀她们，在人格上尊重她们，在心理上满足她们，最大限度地提供组织支持。

（一）提供职业发展机会

企业要加强环境的建设，为女性高层次人才提供研究与开展实践活动的平台。在软环境建设方面，不仅要给女性高层次人才提供相应的工作便利，还要从情感上给予女性高层次人才更多的关心与帮助，想其所想，急其所急。如在引进女性高层次人才时，采取有效措施，切实解决好其住房、家属就业、子女入学等问题，免除她们的后顾之忧。为她们提供进修深造、带薪休假的宽松环境，让她们充分感受到组织的关怀与温暖，使她们能够

全身心地投入到工作中去,消除她们的顾虑与后顾之忧,在企业发展过程中充分利用与发挥她们的创造性思维与聪明才智。通过企业文化建设,从隐性与显性要素层面支持女性高层次人才的发展,激发她们的企业责任感、使命感与归属感,使其钻心于本职工作,增加其情感承诺,为组织的发展作出更大的贡献。

在硬环境建设方面,企业应该积极为女性高层次人才职业成功提供必要的条件。为她们创造出国培训的机会、营造有利的工作环境,加大研究与开发资金的投入力度,帮助女性高层次人才获得职业发展所需的资源与机会。为女性高层次人才在创新研究的过程中提供必要的支撑条件。企业还要创造条件为女性高层次人才提供各种职业发展信息,让她们及时了解企业内部的各种职位流动态势,及时寻找适合自己的职业发展机会。通过加大环境建设与组织支持力度,真正留住女性高层次人才,实现女性高层次人才对组织价值观的认同。

(二)打通女性高层次人才职业发展通道

打通女性高层次人才职业发展通道,一定要注重对女性高层次人才职业生涯发展的规划。女性高层次人才是一种经过高成本教育和工作历练而培养出来的具有创新能力的人力资本。她们除了获取物质需要以外,还要追求个人事业的发展。因此,职业生涯规划可以为她们提供挖掘最大潜力、实现工作成就感和自我实现感的满足,同时使自身的能力得到发展。

组织应充分重视女性高层次人才的职业发展需要,帮助和指导他们进行个人生涯规划,为女性高层次人才干事业构筑阶梯、搭建平台、打破身份界限,拓宽人才发展空间,激励女性高层

次人才将自己的个人需要与组织需要统一起来,以最大限度地调动女性高层次人才的积极性,从而达到能力发展的目的。组织可以为各类女性高层次人才开辟职业升迁通道,及时向女性高层次人才提供培训机会;为有知识、有能力、富有开拓和创新精神的女性高层次人才提供晋升的机会,破格提拔真正优秀的劳动者,使她们对于自己的将来有明确的期望。从而激发她们持续的工作和学习的热情,进而达到充分发展女性高层次人才能力的目的。组织应针对女性高层次人才的类别,设计技术专家类、技术管理类、专业管理类三个职级序列,从职位类、职位族、职位层级、职位角色对职位进行全面梳理,建立"岗位职级体系",以反映不同专业特点、价值差异和对能力的要求。将职级序列分类、奖金系数、胜任要求、晋升管理及技术专家发展通道管理五部分结合,打通女性高层次人才的职业发展通道,突出关键岗位和核心人才的价值。

三、建立柔性化的人力资源管理制度,激发女性高层次人才的活力

(一)完善人力资源管理相关制度

企业要加快从传统的人事管理向战略人力资源管理的转变,建立符合女性高层次人才成长规律的人力资源管理理念与制度。建立"按需设岗、按岗聘任、竞争上岗、契约管理"的新型用人制度,为女性高层次人才脱颖而出创造公平竞争的环境。从根本上改变"论资排辈""枪打出头鸟"的局面,让大批优秀、潜在的女性青年劳动者走上关键岗位,为她们提供创新的舞台。

组织要重视女性高层次人才的培养和使用,创造机会为她们提供具有针对性的教育与培训机会。通过选择优秀的导师挖掘与培养一批有潜质和才能的青年女性劳动者;通过采取"自下而上"的柔性人力资源管理方式激励中年女性高层次人才全身心地投入工作;通过建立公平合理的人才评价、绩效考评和晋升选拔体系,对其能力作出客观公正的评价,确保女性劳动者不会因为年龄的增长而失去应得的职业发展机会。在组织内形成女性高层次人才发展梯队,如针对女性高层次人才的特点,运用人力资源精益化管理技术,以岗位职级体系为基础,以能力与绩效为核心,采取"双阶梯"式的职业生涯设计,搭建女性高层次人才职业发展"双通道"的人力资源管理平台。通过开发工作丰富化、人岗匹配的工作设计方案,调动女性高层次人才工作的积极性,发挥女性在管理、沟通、语言、思维等方面的优势与魅力,使其为组织创造最大的价值。

(二)创新企业女性高层次人才激励机制

企业领导层要高度重视女性高层次人才的思想变化,鼓励她们进行科技创新,从科研经费、培训经费上加大支持力度,并在企业中营造崇尚创新、尊重知识、尊重人才的良好风尚,使她们永远保持对完成科技创新工作的积极性。对女性高端管理者采用年薪制、参股制、协议工资制、业绩工资制等激励模式,对女性高端专业技术骨干建立岗位津贴制、业绩挂钩制、科技成果转化奖励等方式,让女性高层次人才参与到企业生产要素的分配上,用物质与精神激励最大限度地调动高端女性管理者与技术骨干积极性。对于女性高层次人才的双重激励具体措施如下。

1. 物质激励

物质激励以高薪酬、重奖激励为基础,建立薪酬—福利—待遇一体化的长效激励机制。具体做法如下:首先,提升女性高层次人才岗位待遇。将高层次人才的基础薪酬定位于和管理者相当的水平上来,鼓励女性高层次人才立足岗位,提升能力。其次,特人特薪。企业的薪酬体系设计要提供与女性高层次人才技能贡献相匹配的薪酬,以业绩贡献来确定报酬的收入分配机制。按照劳动力市场薪酬情况来确定女性高层次人才的特殊薪酬。对于企业急需或作出突出贡献的女性高层次人才,可实行高年薪计划或协议工资制度以及股权和期权激励等长效激励。再次,女性高层次人才科技攻关和技术革新成果转化所得的收益,可以依据贡献大小进行利润分配。最后,调整离退休养老金待遇向女性高层次人才重点倾斜。优先为女性高层次人才办理补充养老保险和补充医疗保险,实行弹性退休制度和宽带激励。企业应建立"绩效优先"的新型分配机制,实行由"基本工资、岗位津贴和绩效奖金"组成的"三元结构"分配制度,依据女性高层次人才创造的价值与贡献大小给予相应的绩效奖金,让她们参与到利益分配中来,为女性高层次人才的价值体现提供有力的保障。

2. 精神激励

首先,宣传突出贡献事迹,鼓励女性高层次人才创新。大力宣传女性高层次人才的突出事迹,给予崇高的荣誉。对于创造先进工艺、先进设备、先进操作法的女性高层次人才,可以采取发明人名字命名的荣誉激励措施,支持女性高层次人才的发明创造,使女性高层次人才得到干事的舞台、创业的平台、发展的空间。其次,企业可以根据实际情况建立女性高端劳动智库,依据能力培养机制中各个成长阶段女性高层次人才的培养方案和培养周期对其进行定期的培训学习,不断提高她们的能力,满足她们自我发展的需求。

(三)帮助女性实行工作家庭平衡计划

家庭对于女性具有特别重要的意义,协调好工作与家庭的冲突也是帮助女性高层次人才成长的有效途径。组织可以依据女性员工的职业生命周期与家庭生命周期的特点,提供满足不同女性员工需要的"一揽子"工作家庭平衡支持计划。如对于处在生育期或需要照顾家庭的女性,可以考虑为她们提供弹性工作时间,由女性员工自主选择工作与休息时间;对于处在职业发展期的女性,可以为她们提供家庭指导与服务,使她们能以更好的状态投入到工作岗位中来;对于处于职业退出期的女性,可以为她们提供及时的心理辅导与咨询,帮助她们正确面对工作的变化,以更好的心态迎接新生活的到来,帮助组织做好新老女性高层次人才的交接工作。

(四)加强心理契约管理,为女性高层次人才提供发展空间与平台

随着科学技术的快速发展与企业的深刻变革,现代女性在获得经济地位的同时,出于家庭的考虑,她们更愿意选择稳定就业,为此组织应把基于就业安全感、就业能力的心理契约管理纳入女性职业生涯管理策略之中。研究显示,30岁以下的女科技工作者是极具科研激情的群体,但她们往往囿于职称而科研机

会稀少,限制了竞争力的发挥。因此,组织应最大限度发挥该阶段女性科技工作者的能动性和创造性,为其提供科研锻炼机会,奠定其科研能力发展基础。建议组织为该阶段女性科技工作者提供具有针对性的科研能力培训计划,营造有利于女性高层次人才成长的组织支持氛围,激励女性高层次人才全身心地投入工作,创造组织与女性高层次人才双方满意的心理契约环境,为女性高层次人才提供公平竞争的发展空间,使其为组织创造最大的价值。

四、积极打造人才引进平台,吸引国内外女性高层次人才

海外人才和留学人员,具有知识专长和对外交流的优势,是世界先进科学和文化知识的载体。企业要积极打造吸引海外留学归国女性高层次人才的引进平台,"通过兼职、讲学、科技合作、技术入股"等柔性流动方式,引进一批"两栖型""候鸟型"拔尖人才,落实人才引进政策与待遇。在吸引海外女性高层次人才方面,要拓宽搜募的渠道,充分利用中介机构或猎头机构等第三方途径。

(一)借力中介机构开展海外招聘

由于绝大多数用人单位仍不具备独立开展海外招聘的实力,目前主要通过政府推介进行海外招聘,这种定期开展的、大规模的人才招聘在海外人才引进初期能够发挥巨大优势。但是,参考跨国企业的国际人才招聘,主要依靠的还是社会中介组织。因此,在进行海外招聘时可以尝试借助中介机构的力量,采用"政府—社会—用人单位"互动的方式,具体表现为政府组织

造势、社会中介支持、企业积极参与。地方政府可以尝试与专业的国际咨询公司合作,借助其对国外文化、国际人才市场、薪酬福利制度等方面的了解,有针对性地选择职位信息发布渠道、宣传方式以及招聘时间、地点,使得海外招聘更加专业,为海外招聘取得良好效果保驾护航。

(二)充分发挥猎头机构的作用

目前,国际猎头公司的收费较高,绝大多数国内组织难以承担,而收费相对较低的国内本土猎头公司又不具备开展跨国招聘的专业能力,因此有海外女性高层次人才引进需求的本土企业、国内高校及科研院所在进行人才引进时,倾向于采用价格较为低廉的熟人推荐及人才自荐的方式,然而这种内外部推荐的方式有着效率低下的明显缺陷,而且比较适用于在行业领域或者专业领域有着较大影响力的国内组织。从短期来看,地方政府可以采取与跨国猎头公司合作的形式进行人才定位,力争在较短时间内实现海外女性高层次人才引进的新突破。从长远来看,为进一步加大海外女性高层次人才的引进力度,充分发挥猎头机构在引进中的作用,需要从国家层面对于本国猎头行业进行扶持,并且积极培育本土猎头公司,加快本土猎头公司国际化的进程,最终形成商业猎头与国家猎头有机结合的国外女性高层次人才搜募机制。

五、优化女性高层次人才培训机制

建立委托培养、定向、外派、合力培训、引进培训相结合的"新型的、多层次的"女性高层次人才培养、培训模式。企业可以根据自身实际情况,选拔一批中青年女性劳动者实行重点滚动式培养,采取与知名企业、学术组织、高校和科研院所联合培养的方式,着重培养她们的实践与创新能力,提高女性劳动者的责任意识、法律意识、成就意识,使她们成为高层次管理者、创新型技术人员、高层次复合型人员的后备军,从而提升企业的市场竞争与核心能力。建立导师培养制度,选拔青年女性劳动者作为拔尖人才的培养对象,签订培带教合同,做好人才的传、帮、带,形成有利于青年拔尖人才脱颖而出的培养机制,加快形成女性高层次人才后备梯队,培养与造就一批具有职业化、现代化、市场化、国际化的新型女性经营管理者与技术专家。

优化企业女性高层次人才培训机制,首先要建立完善的企业培训管理制度。具体的培训制度由以下五个方面组成:培训服务制度、入职培训制度、培训激励制度、培训考核评估制度、培训风险管理制度。(1)培训服务制度。对于一些投资较大的培训项目,特别是需要一段时间转岗培训来说,企业不仅要投入资金让女性高层次人才参加培训,还要提供给相应的工资待遇,同时企业要损失因为女性高层次人才离职不能正常工作的机会成本。倘若参加培训的女性劳动者学成后就离开,企业投入成本将无法收回。为防范这种问题的出现,企业在对女性高层次人才进行培训之前,需要签订培训服务制度条款及培训服务协议。(2)入职培训制度。企业的女性高层次人才也需要进行相应的入职培训,这样才能够让女性高层次人才尽快地融入企业环境中,为更好地发挥女性高层次人才的作用打好基础。(3)培训激励制度。要想激发女性高层次人才最大的潜能,就一定要重视培训激励制度的建立和完善。培训的配套激励制度主要包括完善的岗位任职资格要求,公平、公正、客观的业绩考核标准,公平竞争的晋升规定,以能力和业绩为导向的分配原则。(4)培训考核评估制度。对于企业女性高层次人才的评估评价体系指标一定要根据实际情况进行设定,并秉承客观、公正、科学、开放的原则,对其培训作出评估。(5)培训风险管理制度。培训风险可以通过签订培训契约来消除。培训契约明确了企业为女性高层次人才提供培训的机会,女性高层次人才运用自己所学为企业服务一定的年限。加强对契约的管理,不仅维护了企业的合法权利,也维护了女性高层次人才的合法权利。把契约纳入培训管理,一旦出现纠纷,企业和女性高层次人才都能够通过法律手段把自己的损失降到最低点。

六、建立符合企业发展要求的女性高层次人才绩效评价机制

为了健全绩效评估体系,组织应该建立一个多层次、多维度、多方法的整合系统进行女性高层次人才的评价。绩效评价可以从直接主管、同事、下属、顾客及被评价者个人的角度进行,评价内容包括工作数量、工作质量、工作效率、工作效益等多个方面。

工作业绩评价可以采用平衡积分卡和关键绩效指标考核法相结合的评价方式。同时,对于具有卓越绩效的女性高层次人才还可以采用破格评价,对那些在革新成果、技术论文、技能竞赛、荣誉奖励、传授技艺等多个关键业绩项目上具有卓越绩效的女性高层次人才给予破格评价。业绩评定的方法可以采用现场作业评定方法、过程写实评定方法、现场模拟操作方法、典型工

件抽样评定法、事故演练法、创新成果评定法等评价方法。表4-1 给出了可供组织参考的女性高层次人才评价指标体系。

表 4-1　女性高端劳者评价指标体系

一级指标	二级指标	三级指标	评价指标解释
女性 高层次 人才	知识水平	学历层次 任职资历 知识结构	受教育的经历、文化程度 被任命或受聘担任某职务的工作年限 公共基础知识、学科基础知识的专业领域知识状况
	心智模式	思想品德 职业道德 个性品质 工作作风 合作意识	政治方向、思想信念和遵纪守法 爱岗敬业、乐于奉献等 个性特点、个性心理、情感特征 是否认真、高效地完成工作 与集体交流合作的意识
	基本素质	语言表达 文字水平 沟通技能 健康状况	口头表达能力 用书面语言正确、生动、形象地表达思维传播，交流信息记事状物的综合能力 掌握人与人之间信息交流技能的能力 包括生理健康和心理健康
	能力结构	学习能力 应变能力 组织能力 协调能力 创新能力 决策能力 实践能力	学习动力、学习毅力、学习能力的总和 应付突发事件的能力 指挥、激励、组合、调配组织成员的能力 妥善处理与上级、同级和下级之间关系的能力，以达到共同完成的目的 独立思考，创新意识 有效决策的能力 理论联系实践、应用知识的能力
	业绩成果	工作效益 工作奖项	在工作中为组织带来的收益 在工作中得到奖项

（一）知识水平

知识水平包括学历层次、任职资历、知识结构 3 个指标。学历，是反映个人受教育的经历，一般表明其具有的文化程度。如大学本科学历、专科学历、研究生学历等。任职资历，是指被任命或受聘担任某一职务的工作年限。它反映了一个人的生活阅历和经验。知识结构,包括与专业相关的各种公共基础知识、学科基础知识和专业领域知识。随着社会的发展,学科知识呈高度综合化的趋势,并且这种趋势随着时间的推移不断加强。学科知识的高度综合要求女性高层次人才必须具备广博而合理的知识结构,不仅要具备坚实的本专业基础知识,而且要掌握一些自然科学和社会科学的基本知识,除具备专业精深的知识外,还要掌握相关学科、相关专业的发展动态,具备综合运用知识、信息、技术的能力和跨学科的研究能力。

(二)心智模式

心智模式包括思想品德、职业道德、个性品质、工作作风和合作意识 5 个指标。思想品德,具体为是否具有正确的政治方向与坚定的思想信念、具有独立思考的能力和遵纪守法。女性高层次人才应树立正确的世界观、人生观和价值观,要具有高度的社会责任感和使命感,关心国家利益。职业道德,是社会公德在职业生活中的具体体现,用来衡量劳动者是否爱岗敬业、乐于奉献、自觉履行岗位职责、努力做好本职工作、言行符合职业伦理规范要求。个性品质,是概括化了的个性特点的总和,是一个人区别于另一个人个性心理的本质特征,是个性心理成分的综合表现,是个人所具有的情感特征。工作作风,主要表现为是否可以认真、高效地完成工作。合作意识,女性高层次人才还应具有团队意识与合作精神,经济社会发展的一大特点是向整体化、系统化趋势发展,社会要求女性高层次人才能够胜任各种需要、高度合作和互相协调的工作,能够在独立研究的基础上与旁人沟通,相互学习,共同探讨。同时还要注意虚心听取集体的意见

和建议,主动与他人配合。

(三)基本素质

沟通水平包括语言表达、文字水平、沟通技能和健康状况4个指标。语言表达能力,是能够用口头语言完整表达自己思想和观点的能力,是有效进行人与人之间沟通和交流的基础。它包括文字写作能力和口头表达能力等。文字水平,是指用文字正确、生动、形象地表达思维,传播知识,交流信息,记事状物的能力,它体现了女性高层次人才对客观事物的认知程度和反映程度,属于一种精神生产活动。同时也体现了女性高层次人才的观察能力、逻辑思维能力以及对事物的分析判断能力与认识能力。沟通技能,是女性高层次人才必不可少的技能之一,主要是指在社会生活和工作实践中与他人沟通和交流、与他人共事和相处的能力。随着改革开放的深入,国际间不同文化的彼此交流日益增多,跨文化交流能力也日益成为未来人才的重要能力。健康状况,包括生理健康和心理健康两方面,没有一个好的身体,就没有充沛的体力和精力,影响能力的发挥以及对职业成功的追求。

(四)能力结构

能力是构成女性高层次人才评价指标体系的核心要素,包括学习能力、应变能力、组织能力、协调能力、创新能力、决策能力和实践能力7个指标。学习能力是指学习动力、学习毅力、学习能力的总和,表现为人们获取、分享、使用和创造知识,以及提升自身、推动社会发展和进步的能力,它可以动态地衡量女性高层次人才综合素质高低与竞争力的强弱。应变能力是指应付突发事件的能力,就是要求女性高层次人才要头脑灵活、应变敏捷,随着形势的变化及时调整自己。组织能力是指指挥、激励、组合、调配组织成员的能力,善于把各种不同的人、财、物聚集起来,合理安排,为目标服务。协调能力是指妥善处理与上级、同级和下级之间关系的能力,以达到共同完成的目的,是化解矛盾与聚分力为合力的能力,是变消极因素为积极因素的能力,是动员组织成员、充分调动人的积极性的能力,是变消极因素为积极因素的能力,是动员组织成员、充分调动人的积极性的能力。创新能力是指独立思考,具有创新意识的一种能力,是考察女性高层次人才是否可以不拘泥于已有的理论和观点,善于分析和研究问题,保持独立思考,具有创新意识和敢于创造的能力。决策能力是指有效决策的能力,是对要解决问题的一种判断能力,受所掌握的信息和信息分析能力的影响。实践能力是指理论联系实践、应用知识的能力,要求能够运用所学知识进行分析或研究,解决实际问题,运用所学理论分析、研究和解决社会现实问题。

（五）业绩成果

女性高层次人才评价应该以业绩为基础和导向。业绩成果包括工作效益和工作奖项两个指标。工作效益要看业绩、看成果,并在分配上根据业绩和成果向优秀人才倾斜,这体现了市场经济条件下人才流动规模的要求。工作奖项,涵盖各个领域如获国家自然科学奖、国家技术发明奖、国家科技进步奖、地方自然科学奖、地方技术发明奖;在工程设计方面,获国家优秀设计

奖、地方优秀设计奖等;在轻纺工艺美术设计方而,获部级优秀设计奖。

能够满足 21 世纪需求的女性高层次人才,应该在基本素质、心智模式、能力结构、沟通水平和业绩成果诸方面有所发展,经过集成与优化,在某一方面有所突破或能够全面发展。

第三节 教育层面:改革、创新

一、加快高等教育创新的步伐

"十年树木,百年树人",女性高层次人才的培养离不开良好的教育。首先,高等教育体制要尽快摆脱传统教育模式的束缚,树立教育创新理念,明确人才培养目标,始终把培养人才的创新意识放在首位。其次,要不断打造创新型教师队伍,女性高层次人才的培养离不开优秀的师资,教师不只是"传道、授业、解惑",还要不断摸索创新规律,提升自身的创新意识,鼓励学生形成自己的创新精神和创新能力。最后,要创新教学内容与考核办法,在课程教学中要敢于打破传统的专业与学科壁垒,培养学生的发散思维与科学理性的创新个性,加大实践教学力度,提高学生动手与解决问题的能力;在考核方式上借鉴国外知名院校的做法,加大实践教学考核力度,对一些有潜质的尖子生实行"导师制"教学,挑选名师进行指导,使她们早日走上成才之路。

(一)要加大教育投入

深入实施"211"工程和"985"工程,重点贯彻执行政府新近提出的"2011"计划。通过创新机制体制、构筑创新平台、强化人才队伍建设和加大资金投入等办法，使计划中的重点学科尽快达到或接近世界先进水平，使规划中的高校创新能力明显增强，充分发挥高校在培养女性高层次人才、拔尖创新人才和在科研创新中的重要作用，促使高校整体办学质量和创新能力的提高。

（二）要不断提高高校的国际合作交流水平

高校应该进一步开展同国外高水平大学的交流与合作，积极拓展女性高层次人才联合培养的规模，深化多种类型的高端科研合作。高校的科研团队要积极参与国际级别的科研计划和国际级学术组织，充分利用全球教育与科研资源，牵头或参与组织国际以及区域性科学工程，有计划、有组织、有针对性地派出研究生。政府还应积极推进智力引入工作，特别是要加强鼓励海外优秀留学人才归国发展。

二、以市场需求为导向，优化高校专业结构

高校的专业结构要与市场接轨，把握社会需求导向，深化教育改革，培养理论知识丰富、社会实践能力强、创新原动力足的人才。高校应该结合市场发展，结合地方经济发展的需求，对部分专业进行相应改革，充分将人才市场需求与教育教学紧密地结合起来。比如理工类学院，根据经济发展特点与产业布局，设置一些与新能源、新科技相关的专业，同时加强对学生实践能力的培养，为经济与产业的发展提供新生力量，解决女性高层次人才短缺的问题。

政府财政应充分强化高校在学科综合的优势,大力促进交叉学科、跨学科融合和创新,积极推动自然科学、工程技术和社会科学的相互开放和深度交流,积极探讨具有战略性和全局性的重要理论与现实议题,弥补我国在战略前沿学科领域的空白,协调基础研究和应用研究的发展。支持政府重点规划建设的高校坚持原创性基础研究为主要科研任务,在此基础上适度参与应用型研究和技术转移,促使重大原创成果和世界级学术团队的产生,提高省级高校的科研水平和国际影响力。把重点高校的领军教授从低层次的技术开发和应用研究中解放出来,使教授专门从事对将来知识经济发展有重要影响的科学问题的前沿研究,为他们提供优越的研究条件和适度宽松的学术环境,构建具有全球竞争力的知识创新体系,从而提升高校所在区域的自主创新能力。

三、加快高校高素质创新人才培养

高校是知识创新体系的中心,是原始性创新和创新型人才培养的主要力量,是科技创新、自主创新方面的龙头,也是女性高层次人才培养的主要基地,充当着创新网络关键联结点的作用。政府依据高校发展要求决策,可以有效增强知识创新能力,从而带动地方的自主创新能力和国际竞争力的提高。

众多的高校在建设创新型省份的过程中肩负着提供人才和智力支撑的重任。人才培养是高等学校的根本任务,培养高素质创新人才是教学改革的基本取向。高等院校要适应产业结构优化升级的需要,结合重点学科建设,选择相关领域品牌特色专业和专业群,加大投入力度,进行重点建设,逐步建成一批产学研结合、在国内有较高知名度与影响力的创新人才培养综合基地。加强创新人才培养实验基地建设,构建国家、省级、学校多层次、多类型的人才培养模式创新实验基地,鼓励各实验基地在推进学分制、实施导师制等方面进行人才培养模式的综合改革和大胆创新。

高校须以地区重大战略需求为中心,承担并参与完成各种具有重大战略意义的自主创新项目,加大高层次人才培养力度,形成人才培养和科研创新紧密结合的高效机制。积极鼓励研究生参与科研并予以各方面支持,在科研活动过程中培养研究生的创新能力和塑造他们的创新精神。高校培养的高素质人才是增强自主创新能力、发展知识经济的关键所在。必须把营造良好环境,培养和汇集各类高级人才特别是优秀拔尖人才,充分调动科研工作者的积极主动性和持续创造性,作为政府创新政策的首要目标。战略上政府须协助高校以在经济社会建立学习机制为目标,发掘本土特色资源,促进参与组织学习的各种高素质人才充分发挥各自的创造潜力,并持续为组织创新贡献力量的良好局面。努力拓展高素质人才的规模,并形成合理的人才队伍结构,为区域建设提供充分的人才支撑和智力保证。

第四节　个体层面:价值观、行为

一、发挥女性优势,重塑女性职业形象

女性劳动者要从点滴做起,在关爱自己的同时,注意对自身素质的培养,树立终身学习的理念,提高自己的业务知识与沟通

技巧,重塑女性的职业形象,实现自身人力资本价值的增值。女性高层次人才要在工作中要不断培养强烈的职业呼唤感、使命感与责任感,勇于承担组织交付的重要任务,在工作中不断锤炼与提高自己的业务素质,要敢于冲破传统观念的束缚,完善自我人格,发扬自尊、自信、自爱、自强、自立以及"巾帼不让须眉"的精神。培养面对挫折的勇气以及解决问题的能力,始终保持理性与平和的心态解决工作与家庭的冲突,在本职岗位上建功立业,努力创新,创造属于女性的职业辉煌。

二、树立正确的职业价值观

职业价值观是指人生目标和人生态度在职业选择方面的具体表现,也就是一个人对职业的认识和态度以及对职业目标的追求和向往。职业价值观是个体追求的一种抱负水平,抱负水平是个体从事某种实际工作前,对自己可能达到的成就目标的主观估计。抱负水平代表个体的一种主观愿望,它与个体的实际成就可能会有差距。个体抱负水平的高低取决于其成就动机强弱,有关成就动机与机会威胁认知的研究发现,注重获取成功的人倾向于为自己设立现实的目标,并选择难度适中的任务,而注重回避失败的人倾向于为自己设立不现实的目标,并选择难度过高或过低的任务。反之,目标的吸引力越大,个体主观能动性发挥得程度越大,成就动机越高。个体为实现目标,施展自己才干的机会越多,其成就动机就越强。有良好职业价值观的女性高层次人才其成就动机就越高,进而其成功的概率就越大。

职业价值观分为自我实现、保健因素以及声望地位三个维度。职业价值观的自我实现因素与声望地位因素与情感承诺显著正相关;职业价值观的自我实现与继续承诺显著负相关,保健因素与继续承诺显著正相关;职业价值观的声望地位因素与规范承诺显著正相关。注重自我实现、声望地位等价值观因子的女性高层次人才,对职业的情感承诺强,即自身对现有职业的态度是比较喜欢的,可以提高知识型工作投入的活力,进一步提高工作效率,从而产生职业满意度,促进职业成功。重视保健因素的女性高层次人才,职业的继续承诺较高,即因为离开现在的职业会导致的利益损失或难以找到其他的理想职业而不愿离开现在的职业,但是她们的工作热情和积极性会比较低,过着"做一天和尚撞一天钟"的生活。因此,企业可以优先考虑将职业价值观作为选拔女性高层次人才的工具之一,因为具有这些特征的个体,更有可能在未来职业发展中取得成功。

三、明确职业发展目标,拓展社会网络资源

首先,女性在职业生涯早期要树立科学合理的职业生涯观,明确职业发展目标。提高自身职业发展意识,正确看待职业发展过程中的得与失,理性处理职场中遇到的各种问题,正确认识环境与组织变动对自身职业的影响,在职业成长的同时兼顾到家庭生活的美满与和谐。

其次,要发展良好的人际关系。个体社会资本指通过关系、联系网络和朋友而建立的关系资源。高层次人才关系资本可以划分为"基础性社会资本"和"自获性社会资本"两种类型。"基础性社会资本"包括个人的出生地、家庭及其扩展开的关系网、考学、参军或走向社会、大学毕业分配、参加工作五个基础性环节,它们都是个人早期获得社会资本的重要途径,而且这些社会

资本大多数是在无意识中获取的。作为女性高层次人才在充分利用好这五个环节后，可以改善她们自身在人际关系结构或社会资本分布结构中所处的不利位置。对于女性高层次人才，可以从增大网络密度、增加关系强度、扩大网络规模、提升网络异质性四个方面获取"自获性社会资本"，扩大个体的社会网络资源。通过增加情感投入，建构个人的人际互动平台，使工具性关系转变为混合性关系，从而牢固人际互动中双方的关系，为个人职业的成功创造机会。女性高层次人才要充分发挥女性的独特优势，协调好与上下级、同事的关系，积极参加各种社会活动与企业组织的团体活动，提高人际交往能力，增加自己的社交圈与工作交际圈，拓展有利于自身职业发展的社会网络，加快个人的职业发展与成长。

四、拓宽自己的知识面，接受继续教育与学习

科学技术知识呈现爆炸式增长态势，任何人都不可能一劳永逸地占有知识，女性高层次人才通过职前培养获得的知识和能力极其有限。因此，女性高层次人才要树立终身学习的理念，根据自己所从事的行业与岗位特点，分别从领导能力、人际关系能力、沟通能力、专业能力、规划能力、问题解决能力、研究与开发能力、压力承受能力、学习提高能力、开拓创新能力、演绎思维和归纳思维能力、书面表达能力、信息搜集分析能力等几个方面加强学习，不断吸收新的信息与工具性知识，学习与掌握一些新理念与新技术，拓宽自己的知识视野，使自己的知识与技能如泉水一样源源不断，提高个体的职业胜任力，促进个体的全面发展。

　　女性高层次人才需要更新观念,树立终身学习意识。继续教育是实现终身学习的一种重要形式。随着信息化时代的到来,知识更新速度不断加快,终身学习已成为女性高层次人才适应瞬息万变社会的必要手段。女性高层次人才只有更新教育观念,树立终身学习意识,通过继续教育,掌握新技术和新方法,才能适应知识更新和社会进步的步伐,适应经济发展和工作的需要。传统的一劳永逸的学习观念已经一去不复返,女性高层次人才要深刻认识到继续教育不是单纯地评优晋级和完成上级指派的任务,而是提升自身素质、完善知识体系,适应经济发展和社会变革的重要手段,是贯穿一生的终身教育。女性高层次人才只有改变过去的功利化学习观,树立终身教育观,真正认识到学习的重要性,才会珍惜继续教育的机会,积极主动地参加继续教育。

　　另外,女性高层次人才还应结合自身实际,有侧重地开展学习。女性高层次人才的继续教育,应当有选择性、针对性和侧重点。女性高层次人才应结合自身实际,在反思自己的专业发展现状基础上,有目的、有侧重地进行学习。女性高层次人才根据自己的实际,积极主动地选择满足自身需求的继续教育。这种有侧重点的学习不仅能提高女性高层次人才参加继续教育积极性,更能提高学习的实效性。

参考文献

［1］白春礼:《杰出科技人才的成长历程:中国科学院科技人才成长规律研究》,科学出版社 2007 年版。

［2］白春礼:《努力培养造就科技拔尖人才》,《求是杂志》2009 年第 7 期。

［3］陈菲琼:《关系资本在企业知识联盟中的作用》,《科研管理》2003 年 9 月 20 日。

［4］宝贡敏、王庆喜:《战略联盟关系资本的建立与维护》,《研究与发展管理》2004 年 6 月 25 日。

［5］陈其荣:《诺贝尔自然科学奖与科学精英的造就》,《北京科技大学学报》(社会科学版)2012 年第 28 期。

［6］陈万思:《纵向式职业生涯发展与发展性胜任力——基于企业人力资源管理人员的实证研究》,《南开管理评论》2005 年第 6 期。

［7］陈卫旗、王重鸣:《人—职务匹配、人—组织匹配对员工工作态度的效应机制研究》,《心理科学》2007 年第 4 期。

［8］陈晓剑、李峰等:《基础研究拔尖人才的关键成长路径

研究》,《科学学研究》2011 年第 1 期。

[9]董雅丽、薛磊:《战略联盟中关系资本管理体系的构建》,《科技进步与对策》2009 年 9 月 10 日。

[10]冯子标:《人力资本运营论》,经济科学出版社 2000 年版。

[11]高婧:《政治技能对职业成功的影响》,《云南民族大学学报》(哲学社会科学版)2011 年第 2 期。

[12]高素英:《人力资本与经济可持续发展》,中国经济出版社 2010 年版。

[13]郭樑:《创新人才成长路径选择的辩证分析》,《山西大学学报》(哲学社会科学版)2007 年第 4 期。

[14]郭文臣、田雨、孙琦:《可就业能力中介作用下的个人——组织契合对职业成功和组织绩效的影响》,《管理学报》2014 年 9 月 1 日。

[15]郭新艳:《科技人才成长规律研究》,《科技管理研究》2007 年第 9 期。

[16]何承金主编:《劳动经济学》,东北财经大学出版社 2002 年版。

[17]侯风云:《中国人力资本形成及现状》,经济科学出版社 1999 年版。

[18]胡蓓、翁清雄:《人才成长问题研究进展与评述》,《人才开发》2007 年第 6 期。

[19]胡学勤、秦兴方编著:《劳动经济学》,高等教育出版社 2004 年版。

[20]黄光国:《人情与面子:中国人的权力游戏》,桂冠图书

公司1988年版。

　　［21］李国璋：《软投入研究的几个理论问题》，《开发研究》1995年10月30日。

　　［22］李建民：《人力资本通论》，上海三联书店1999年版。

　　［23］李宁宁：《企业经营管理人才的培养、选拔与管理机制的实证研究》，《现代经济探讨》2008年第1期。

　　［24］廖泉文：《职业生涯发展的三、三、三理论》，《中国人力资源开发》2004年第9期。

　　［25］凌文辁、杨海军、方俐洛：《企业员工的组织支持感》，《心理学报》2006年第2期。

　　［26］刘芳、吴欢伟：《个人人力资本、社会资本与职业成功的作用关系研究》，《中国科技论坛》2010年第10期。

　　［27］刘宁：《社会网络对企业管理人员职业生涯成功影响的实证研究》，《南开管理评论》2007年第6期。

　　［28］刘宁、刘晓阳：《企业管理人员职业生涯成功的评价标准研究》，《经济经纬》2008年。

　　［29］刘少雪：《面向创新型国家建设的科技领军人才成长研究》，中国人民大学出版社2009年版。

　　［30］刘尧：《中国"双一流"大学建设之路径选择》，《现代教育科学》2016年第10期。

　　［31］龙立荣：《职业生涯管理的结构及其关系研究》，华中师范大学出版社2002年版。

　　［32］龙立荣：《知识经济时代的职业生涯成功及策略》，《外国经济与管理》2004年第3期。

　　［33］路甬祥：《中科院院长路甬祥点击中国科学教育弱

点》,《当代法学》2000 年第 4 期。

[34]罗青兰、孙乃纪、于桂兰:《高层次人才成长规律与成长路径研究》,《现代经济探讨》2012 年第 4 期。

[35]罗青兰、孙乃纪、于桂兰:《基于文献分析法的女性高层次人才职业成功影响因素研究》,《经济经纬》2014 年第 4 期。

[36]罗青兰、孙乃纪、于桂兰:《社会网络视角下的女性创业研究》,《管理现代化》2012 年第 5 期。

[37]马春文、张东辉主编:《发展经济学》(第二版),高等教育出版社 2005 年版。

[38]蒲云等:《谈创造性拔尖人才成长规律》,《西南交通大学学报》(社会科学版)2006 年第 4 期。

[39]钱纳里等:《工业化和经济增长的比较研究》,吴奇等译,上海人民出版社 1996 年版。

[40]施恩:《职业的有效管理》,仇海清译,生活·读书·新知三联书店 1992 年版。

[41]孙虹、任凤慧:《面向行为引导的女性高层次人才创业环境构建——突破我国女性高层次人才创业瓶颈期的政策设计》,《现代经济探讨》2010 年第 12 期。

[42]孙月平等编:《劳动经济问题研究》,人民出版社 2004 年版。

[43]谭小宏、秦启文、潘孝富:《企业员工组织支持感与工作满意度:离职意向的关系研究》,《心理科学》2007 年第 2 期。

[44]汪斌:《国际区域产业结构分析导论》,上海三联书店 2001 年版。

[45]王极盛:《重视培养和选拔优秀的中青年科技人才》,

《中国科技论坛》1986年第1期。

［46］王金营：《人力资本与经济增长：理论与实证》，中国财政经济出版社2001年版。

［47］王通讯：《人才成长的八大规律》，《社会观察》2006年第3期。

［48］魏和清：《经济增长中科技进步效应测算》，中国物资出版社2004年版。

［49］吴贵明：《职业生涯发展的路径与运动形式》，《福建商业高等专科学校学报》2004年第2期。

［50］谢焕男：《中国女性高层次人才群体发展状况研究》，太原理工大学2014年硕士学位论文。

［51］闫立罡、吴贵生：《战略联盟中关系资本的重要作用与培育方法》，《软科学》2006年4月30日。

［52］姚锡棠：《驾驭经济增长的艺术》，上海人民出版社2001年版。

［53］叶飞文：《要素投入与中国经济增长》，北京大学出版社2004年版。

［54］余琛：《知识型人才组织支持感、职业承诺和职业成功的关系》，《软科学》2009年第8期。

［55］张文贤：《人力资本》，四川人民出版社2008年版。

［56］张笑予：《拔尖创新人才成长规律研究》，兰州大学2014年硕士学位论文。

［57］张一力：《人力资本与区域经济增长——温州与苏州比较实证研究》，浙江大学出版社2005年版。

［58］赵亚辉：《创新路上"火车头"——中科院60年推进科

技发展纪事》,《人民日报》2009 年 10 月 31 日。

[59]郑苍林:《"立体职业发展路径"之探究》,《中国高新技术企业》2008 年第 22 期。

[60]中国科学院:《2001 科学发展报告》,科学出版社 2001 年版。

[61]周建国:《社会资本及其获取途径》,《上海交通大学学报》(哲学社会科学版)2005 年第 6 期。

[62]周文霞:《职业成功:从概念到实践》,复旦大学出版社 2006 年版。

[63]周文霞、孙健敏:《中国情境下职业成功观的内容与结构》,《中国人民大学学报》2010 年第 3 期。

[64]周文霞等:《人力资本、社会资本和心理资本影响中国员工职业成功的元分析》,《心理学报》2015 年 2 月 15 日。

[65]周艳辉:《论经济全球化背景下创新人才的培养》,《科学管理研究》2008 年第 4 期。

[66] Allen D. G., Shore L. M., Griffeth R. W., "The Role of Perceived Organizational Support and Supportive Human Resource Practices in the Turnover Process", *Journal of Management*, Vol.29, No.1, 2003.

[67] Arthur M. B., Khapova S. N., Wilderom C. M., "Career Success in a Boundaryless Career World", *Journal of Organizational Behavior*, No.26, 2005.

[68] Arthur M.B., Rousseau D.M., The Boundaryless Career: A New Employment Principle for a New Organizational Era, Oxford University Press, 1996.

［69］Becker G. S.，"Human Capital and the Personal Distribution of Income：An Analytical Approach"，*Oecd Journal Economic Studies*，1967.

［70］Bell S. J.，Menguc B.，"The Employee-organization Relationship，Organizational Citizenship Behaviors and Superior Service Quality"，*Journal of Retailing*，No.78，2002.

［71］Bird A.，"Careers as Repositories of Knowledge：A New Perspective on Boundaryless Careers"，*Journal of Organizational Behavior*，No.15，1994.

［72］Boudreau J. W.，Boswell W. R.，Judge T. A.，"Effects of Personality on Executive Career Success in the United States and Europe"，*Journal of Vocational Behavior*，No.58，2001.

［73］Bretz R. D，Judge T. A.，"Person-organization Fit and the Theory of Work Adjustment：Implications for Satisfaction，Tenure，and Career Success"，*Journal of Vocational Behavior*，1994.

［74］Brown C.，Medoff J.，"The Employer Size-Wage Effect"，*Journal of Political Economy*，1989.

［75］Burke R. J.，McKeen C. A.，"Training and Development Activities And Career Success of Managerial and Professional Women"，*The Journal of Management Development*，Vol. 13，No. 5，1994.

［76］Burt R. S.，"The Contingent Value of Social Capital"，*Administrative Science Quarterly*，Vol.42，No.2，1997.

［77］Chao G.，Walz P.，Gardner P.，"Formal and Informal Mentorships：A Comparison on Mentoring Functions and Contrast with Nonmentored Counterparts", *Personnel Psychology*, No. 45, 1992.

[78] Chong H., White R., Prubutok V., "Relationship among organizational support, JIT implementation, and Performance", *Industrial Management Data Systems*, Vol.101, No.5, 2001.

[79] Cohen, S. G., Bailey, D. R., "What Makes Teamwork: Group Effectiveness Research From the Shop Floor to the Executive Suite", *Journal of Management*, Vol.23, No.3, 1997.

[80] Cooper C. L., "Culture's Consequences: International Differences in Work Related Values, Geert Hofstede, Sage Publications, London and Beverly Hils, 1980, No. of pages: 475", *Journal of Organizational Behavior*, Vol.3, No.2, 1982.

[81] D.North, *Structura and Change in Economic History*, Yale University Press, 1983.

[82] Daniel Goleman, *Emotional Intelligence*, Bantam Books, 1995.

[83] Dreher G. F., Ash R. A., "A Comparative Study of Mentoring Among Men and Women in Managerial, Professional, and Technical Positions", *Journal of Applied Psychology*, Vol.75, No.5, 1990.

[84] Eby L.T., Butts M., Lockwood A., "Predictors of Success in the Era of Boundaryless Careers", *Journal of Organizational Behavior*, No.24, 2003.

[85] Eisenberger R., Armeli S., Rexwinkel B., Lnch P. D., Rhoades L., "Reciprocation of Perceived Organizational Support",

Journal of Applied Psychology, Vol.86, No.1, 2001.

［86］Eisenberger R., Cummings J., Armeli S., Lynch P., "Perceived Organizational Support, Discretionary Treatment and Job Satisfaction", *Journal of Applied Psychology*, Vol.82, No.5, 1997.

［87］Eisenberger R., Huntington R., Hutchisom S. et al., "Perceived Organizational Support", *Journal of Applied Psychology*, Vol.71, No.3, 1986.

［88］Ferris G.R., Davidson S.L., Perrewe P.L., *Political Skill at Work*, CA: Davies-Black, 2005.

［89］Festinger L., "A Theory of Social Comparison Processes", *Human Relations*, Vol.7, No.7, 1954.

［90］Foley S., Ngo H.Y., Liu S., "The Effects of Work Stressors, Perceived Organizational, Support, and Gender on Work-family Conflict in Hong Kong", *Journal of Asia Pacific Management*, Vol.22, 2005.

［91］Forret M.L., Dougherty T.W., "Correlates of Networking Behavior for Managerial and Professional Employees", *Group & Organization Management*, Vol.26, No.3, 2001.

［92］Gattiker U.E., Larwood L., "Predictor for Managers' Career Mobility, Success, and Satisfaction", *Human Relations*, No.41, 1988.

［93］George J.M., Brief A.P., "Feeling Good-doing Good: A Conceptual Analysis of the Mood at Work-organizational Spontaneity Relationship", *Psychological Bulletin*, Vol.112, No.2, 1992.

［94］Greenhaus J.H., Parasuraman S., Wormley W., "Effects of Race on Organizational Experiences, Job Performance

Evaluations, and Career Outcomes", *Academy of Management Journal*, No.33, 1990.

[95] Hall D.T., Chandler D.E., "Psychological Success: When the Career is A Calling", *Journal of Organizational Behavior*, No.26, 2005.

[96] Hall D.T., "Protean Careers of the 21st Century", *The Academy of Management Executive*, Vol.10, 1996.

[97] Hall D.T., *Careers in and out of Organization*, California Sage Publications, 2002.

[98] Hicks J., *The Theory of Wages*, Second ed., London: St. Martin's Press, 1932.

[99] Hughes E.C., "Institutional Office and the Person", *American Journal of Sociology*, Vol.43, No.3, 1937.

[100] Johns G., "A Multi-level Theory of Self-serving Behavior in and by Organizations", *Research in Organizational Behavior*, No.21, 1999.

[101] Judge T.A., Cable D.M., Boudreau J.W., Bretz R.D.Jr, "An Empirical Investigation of the Predictors of Executive Career Success", *Personnel Psychology*, No.48, 1995.

[102] Judge T.A., Higgins C.A., Thoresen C.J., Barrick M.R., "The Big Five Personality Traits, General Mental Ability, and Career Success a cross the Life Span", *Personnel Psychology*, No.52, 1999.

[103] Keele R., "Mentoring or Networking? Strong and Weak Ties in Career Development, Moore L., ed., Not as Far as You Think: The Realities of Working Women", Lexington, MA: Flexing

on Books.

[104] Kossek E. E., Ozeki C., "Work-family Conflict, Policies and the Job-life Satisfaction Relationship: A Review and Directions for Organizational Behavior-human Resources Research", *Journal of Applied Psychology*, Vol.83, 1998.

[105] Kotter J.P., *The General Managers*, New York: The Free Press, 1982.

[106] Kraimer M. L., Wayne S. J., "An Examination of Perceived Organizational Support as a Multidimensional Construct in the Context of an Expatriate Assignment", *Journal of Management*, Vol.30, No.2, 2004.

[107] London M., Stumpf S.A., "Managing Careers", *Training Development Journal*, Vol.36, No.12, 1982.

[108] Luthans F., Hodgetts R. M., Rosenkrantz S. A., *Real Managers*, Cambridge, MA: Ballinger, 1988.

[109] Martins L.L., Eddleston K.A., Veiga J.F., "Moderators of the Rela-tionship between Work-family Conflict and Career Satisfaction", *Academy of Management Journal*, Vol.45, No.2, 2002.

[110] McMillin R., *Customer Satisfaction and Organization Support for Service Providers*, University of Florida, 1997.

[111] Mossholder K. W., Settoon R. P., Henagan S. C. "A Relational Perspective on Turnover: Examining Structural, Attitudinal, and Behavioral Predictors", *Academy of Management Journal*, Vol.48, 2005.

[112] Nicholson N., De Waal-Andrews W., "Playing to Win:

Biological Imperatives, Self-regulation, and Trade-offs in the Game of Career Success", *Journal of Organizational Behavior*, Vol.26, No.2, 2005.

[113] Ng T.W.H., Eby L.T., Sorensen K.L.et al., "Predictors of Objective and Subjective Career Success: A Meta-analysis", *Personnel Psychology*, Vol.58, No.2, 2005.

[114] Orpen C., "The Effects of Organizational and Individual Career Management on Career Success", *International Journal of Manpower*, Vol.15, No.1, 1994.

[115] Orpen C., "The Effects of Performance Measure ability on the Relationship between Career is Attitudes and Career Success", *Journal of Social Psychology*, No.138, 1998.

[116] Paul David, "Clio and the Economics of QWERTY", *American Economic Review*, 1985.

[117] Pfeffer J., "Effects of an MBA and Socioeconomic Origins on Business School Graduates' Salaries", *Journal of Applied Psychology*, No.62, 1977.

[118] Podolny J. M., Baron J. N., "Resources and Relationships: Social Networks and Mobility in the Workplace", *American Sociological Review*, No.62, 1997.

[119] Rhoades L., Eisenberger R., "Perceived Organizational Support: A Review of the Literature", *Journal Applied Psychology*, Vol.87, No.4, 2002.

[120] Schneer J.A., Reitman F., "Effects of Alternate Family Structures on Managerial Career Paths", *Academy of Management*

Journal, Vol.36, 1993.

[121] Schultz Theodore W., *Education and Economic Growth*, *in Social Forces Influencing American Education*, NB Henry Chicago: University of Chicago Press, 1961.

[122] Seibert S. E., Kraimer M. L., Liden R. C., "A Social Capital Theory of Career Success", *Academy of Management Journal*, Vol.44, No.2, 2001.

[123] Stinglhamber F., Vandenberghe C., "Organizations and Supervisors as Sources of Support and Targets of Commitment: A Longitudinal Study", *Journal of Organizational Behavior*, Vol. 24, No.3, 2003.

[124] Tharenou P., "Going up? Do Traits and Informal Social Processes Predict Advancing in Management?", *Academy of Management Journal*, Vol.44, No.5, 2001.

[125] Thorndike E.L., *Prediction of Vocational Success*, Oxford University Press, 1934.

[126] Wayne A., Charles K., Pamela L. et al., "Perceived Organizational Support as a Mediator of the Relationship between Politics Perceptions and Work Outcomes", *Journal of Vocational Behavior*, Vol.63, No.4, 2003.

[127] Wayne S.J., Liden R.C., Kraimer M.L., Graf I.K., "The Role of Human Capital, Motivation and Supervisor Sponsorship in Predicting Career Success", *Journal of Organizational Behavior*, Vol.20, No.5, 1999.

[128] Whitely W., Dougherty T.W., Dreher G.F., "Relationship

of Career Mentoring and Socioeconomic Origin to Managers' and Professionals' Early Career Progress ", *Academy of Management Journal* , Vol.34 , No.2 , 1991.

后　记

时至今日,历时三年的书稿终于顺利完成。回顾自己近年来的学术生涯,从 2013 年年末博士毕业后,一直想更深入地从事本领域的研究,也非常怀念吉林大学的校园生活,于是便有了再次进入吉林大学商学院深造的想法。在这一想法的推动下,让我有幸结识并师从于吉林大学商学院院长张世伟教授。初识张老师,是在他的办公室,老师翻看着我的个人学术简历,告诉我从事学术研究要严格要求自己,多看经典著作,拓展自己的学术视野,而且让我谨记学术研究来不得半点马虎。三年的博士后研究生涯转瞬即逝,庆幸投师于张老师门下,每个周六的研讨班雷打不动,无论工作多么繁忙,张老师从来不会放松对学生的学术指导,在研讨班与师姐、师弟、师妹们的思想碰撞,让我感知到自己要学的知识太多了。三年来张老师教给我的不只是学术知识,还有许多生活的智慧与道理。在此衷心感谢张老师在学术研究上对我的包容与理解!

此外,我还要郑重感谢吉林大学商学院孙乃纪与于桂兰两位教授,博士期间师从二位老师,书稿的撰写与完成离不开两位恩师的指导与帮助,感谢您们!能在吉林大学商学院做学术研究,并认识这么多为人师表、善待学生的好老师是我一辈子的福气!此外,我也要感谢书稿完成后帮助排版校稿的王春艳老师、可爱的韩婧怡同学,此外,我还要郑重感谢人民出版社编辑郑海燕老师,没有你们的帮助书稿不可能完成得这么顺利!

　　虽然已过不惑之年,每每走进吉林大学商学院所在的南校区,夏季郁郁葱葱的校园里,鸟语花香,年轻的莘莘学子,一张张求知的笑脸,仿佛自己也回到了年轻时代。现在的我更加知道,在学术研究的道路上自己还有很远的路要走,借用唐代诗人韩愈在《古今贤文·劝学篇》中的一句话"书山有路勤为径,学海无涯苦作舟",以此勉励自己继续前行。

罗青兰
2018 年 4 月 5 日